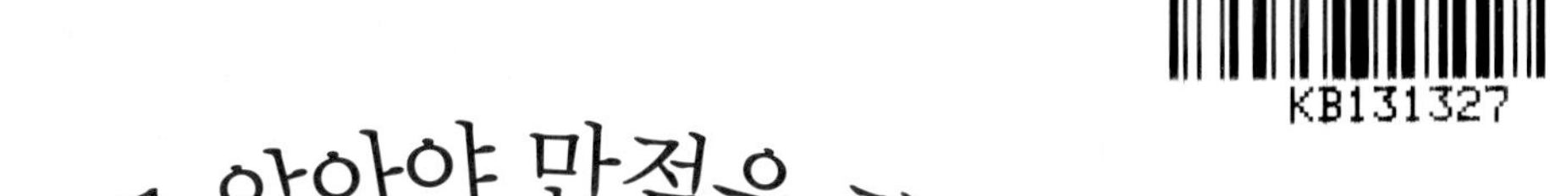

스토리텔링식 신교과서 학습을 위한

마법의 상위권 어휘

초등 5-2 단계

상위권이 되려면 어휘부터 잡아라!

“ 한자 공부는 어휘 학습에 꼭 필요해요. ”

학교 공부란 책을 읽고 그 속에 담긴 지식과 생각을 바르게 이해하고, 자기 생각을 말과 글을 통해 정확히 표현하는 것입니다. 그러므로 학교 공부는 다양한 내용의 어휘를 마음껏 부리어 사용하는 활동이라고 해도 지나친 말이 아닙니다. 학교 공부를 잘하려면 어휘력이 있어야 한다는 말은 그래서 나온 것입니다. 어휘력이 높은 학생이 그렇지 못한 학생보다 좋은 성적을 받고 있는 것은 실험을 통해서도 확인이 된 사실입니다.

어휘력을 키우기 위해서는 어휘 공부를 별도로 해야 합니다. 책을 많이 읽으면 일반 생활 어휘는 익힐 수 있습니다. 그러나 교과서에 나오는 학습 어휘, 예를 들어 축척 · 등고선 · 침식 · 퇴적과 같은 어휘는 동화책이나 인물 이야기에서는 배우기 어렵습니다. 이러한 학습 어휘는 학교 공부에서 중요한 역할을 하기 때문에 따로 배우지 않으면 안 됩니다. 〈마법의 상위권 어휘〉는 학습 어휘를 재미있게 배울 수 있도록 만든 좋은 어휘 교재입니다.

그런데 이러한 학습 어휘는 대부분 한자로 되어 있지요. 그래서 어휘 공부를 하려면 한자를 함께 배우지 않으면 안 됩니다. 문제는 한자 학습법이 아직도 '무조건 외워라' 하고 강요하는 방식이라는 점이지요. 하지만 이제는 바뀌야 합니다. 무조건 외우는 천자문식 학습법 대신, 이 책에서 소개하는 연상 암기법으로 한자를 익히면 쉽고 재미있게 한자를 익힐 수 있을 것입니다. 학습 어휘도 배우면서 초등 필수 한자도 익힐 수 있는 일석이조 학습은 〈마법의 상위권 어휘〉만의 자랑입니다.

박원길 전주 성심여고 교사
〈한자 암기 박사〉
〈국가대표 한자〉 저자.
〈마법의 상위권 어휘〉 감수 위원.

상위권 도약의 비결,
바로 언어 사고력을 키워 주는 어휘 학습!

김명옥 한국학습저력개발원 원장
〈평생성적, 초등 4학년에 결정된다〉,
〈아이의 장점에 집중하라〉 저자.
〈마법의 상위권 어휘〉 기획 자문 위원.

상담을 위해 저를 찾은 학부모님들 중에는 이런 말씀을 하시는 분들이 참 많습니다. 1, 2학년 때만 해도 상위권을 유지하던 아이인데, 학년이 올라가니까 성적이 떨어지고, 공부도 싫어한다는 겁니다. 이런 아이들을 살펴보면, 학습지나 문제집에서 많이 보았던 문제는 잘 풀지만, 조금만 낯선 유형의 문제가 나와도 당황하여 포기하고 말지요. 학년이 올라갈수록 공부는 점점 더 어려워집니다. 어려운 개념도 많이 등장하고, 응용력과 사고력을 요구하는 다양한 유형의 문제들이 많이 나옵니다. 하지만 단순 반복적인 학습지, 그대로 떠먹여 주는 공부법에 익숙해지면, 시험 문제를 풀 때도 머리로 생각하기보다 습관처럼 손이 먼저 움직이기 마련입니다. 당연히 낯선 지문, 낯선 유형의 문제에는 손이 가지 않겠지요.

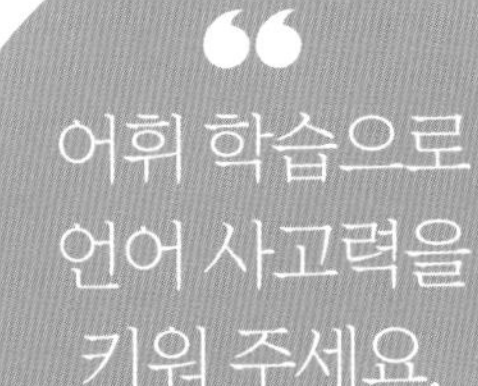

이 세상의 지문과 문제를 모두 풀어 볼 수는 없습니다. 그래서 새로운 지문과 문제가 나왔을 때 배우지 않고도 짐작할 수 있는 추론 능력이 필요합니다. 〈마법의 상위권 어휘〉에서는 지문을 읽으면서 어휘의 뜻을 유추하는 훈련을 하고, 어휘를 낱글자별로 뜯어서 분석하는 훈련을 합니다. 이러한 유추와 분석의 과정을 거쳐서 자연스럽게 추론 능력이 생기게 되지요. 이는 오랜 현장 경험을 통해 효과를 검증받은 학습법이기도 합니다. 또 모든 과정이 재미있게 진행되므로 아이들이 싫증 내지 않고 공부할 수 있습니다.

〈마법의 상위권 어휘〉는 상위권 도약을 꿈꾸는 아이들과 학부모들을 위해 마련된 프로그램입니다. 이 책을 만나는 모든 어린이들이 뛰어난 어휘력과 추론 능력을 갖추고 상위권으로 도약하는 기쁨을 맛보기 바랍니다.

학습 방법론

언어 사고력을 키우는 VIVA 학습법을 공개합니다!

상위권으로 가는 마법의 학습법

Vision 상상

재미있는 이야기 속에서 어휘의 뜻을 상상합니다.

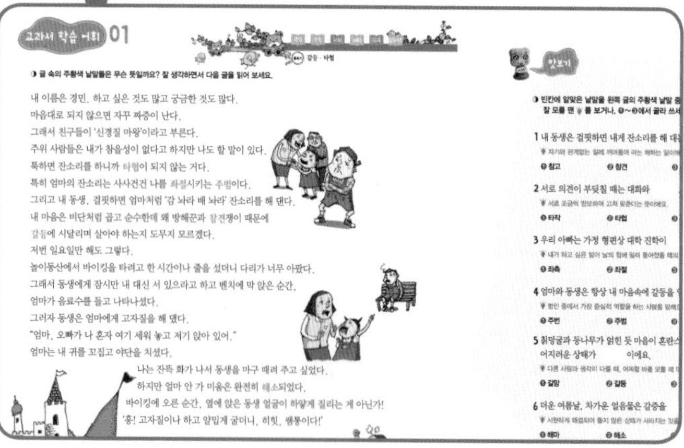

이야기로 익힌다!

- 재미있는 이야기로 공부 부담을 줄입니다.
- 이야기 속에서 어휘의 뜻을 상상하며 유추의 힘을 키웁니다.
- 이야기 속에서 상상한 뜻을 맛보기 문제를 풀며 확인합니다.

Insight 통찰

낱글자 풀이를 보며 어휘의 구성 원리를 터득합니다.

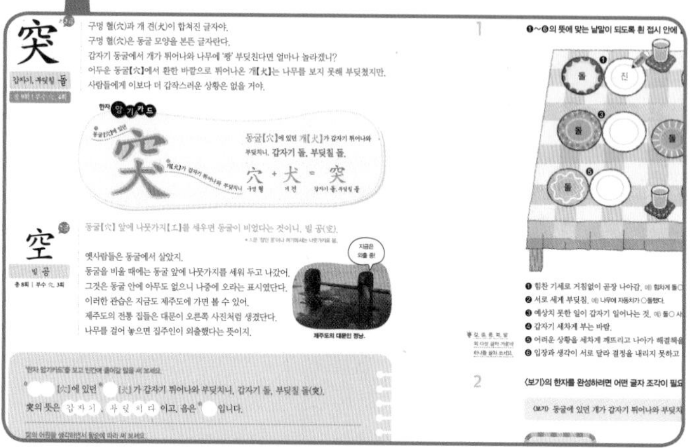

저절로 외워진다!

- 초등학교 학습 어휘의 90퍼센트 이상은 한자 어휘이며, 한자 어휘는 한자가 둘 이상 모인 복합어입니다.
- 어휘 속에 들어 있는 한자의 뜻만 알아도 어휘 뜻이 술술 풀립니다. 낱글자 풀이를 보며 어휘의 뜻을 파악하면서, 어휘의 구성 원리도 터득합니다.
- 한자 학습서의 베스트셀러 〈한자 암기박사〉의 학습법을 적용, 이야기를 읽다 보면 한자가 저절로 외워집니다.

"엄마를 놀라게 하는 학습지!"

Variety 확장

하나를 알면 열을 알듯이, 중심 어휘와 관련된 어휘들을 꼬리에 꼬리를 물듯 배웁니다.

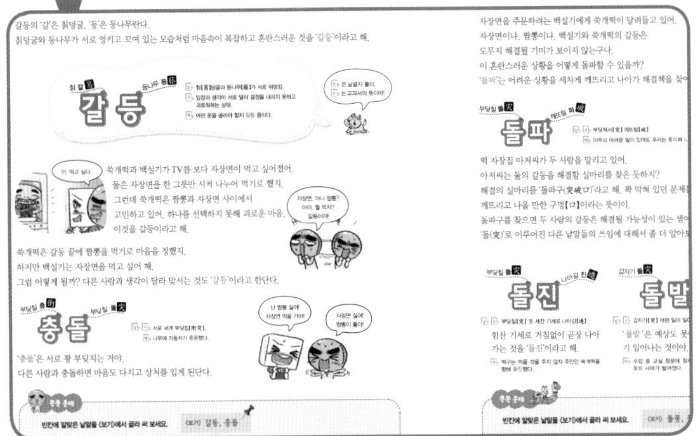

Application 활용

재미있는 게임형 문제로 어휘 활용 능력을 키웁니다.

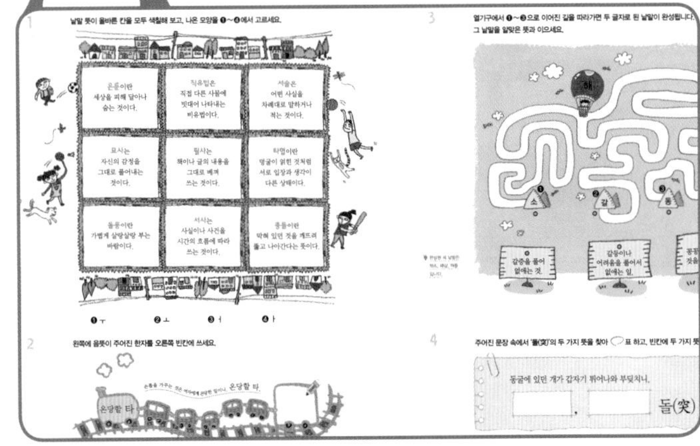

어휘가 꼬리를 문다!

- 같은 한자가 쓰인 여러 어휘들을 꼬리를 물고 배웁니다.
- 이미 배운 대표 어휘와 같은 주제의 여러 어휘들을 꼬리를 물고 배웁니다.

재미있게 공부한다!

- 머리를 자극하는 게임형 문제를 풀다 보면 어휘력이 쑥쑥 자라납니다.
- 친근하고 재미있는 떡 캐릭터와 함께 공부의 즐거움을 느낄 수 있습니다.

마법의 상위권 어휘 무엇을 배울까요?

초등학교 5단계 학습 내용

5-1단계

호	교과서 학습 어휘		한자	연계교과
제 1 호	01	유적	遺(4급)	사회 / 과학
		발굴	發(6급)	
	02	화석	巖(준3급)	
		퇴적	積(4급)	
제 2 호	01	생산	產(5급)	사회
		경제	資(4급)	
	02	소득	所(7급)	
		수입	收(준4급)	
제 3 호	01	전도	導(준4급)	과학
		대류	對(6급)	
	02	복사	射(4급)	
		적외선	波(준4급)	
제 4 호	01	집성촌	城(준4급)	사회
		행정	域(4급)	
	02	밀집	過(5급)	
		님비	惡(5급)	

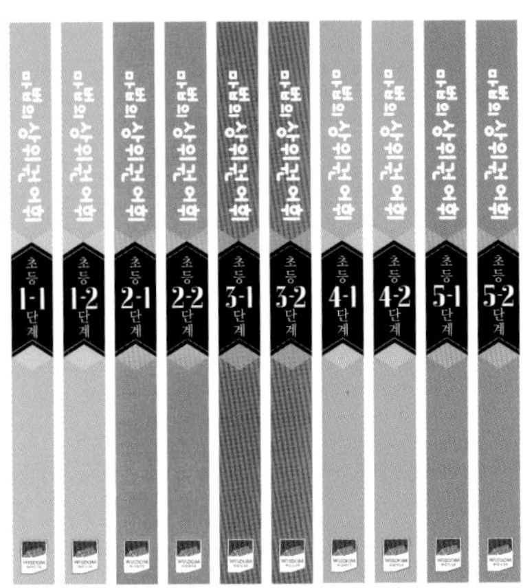

초등학교 5 단계 학습 내용

〈마법의 상위권 어휘〉는 전체 5단계 10권으로 구성되어 있습니다. 초등학교 5단계에서는 초등학교 중・고학년 어린이가 꼭 알아야 할 중요 어휘들을 공부할 수 있습니다.

5-2단계

호	교과서 학습 어휘		한자	연계교과
제 1 호	01	갈등	突(준3급)	사회 / 국어
		타협	妥(3급)	
	02	묘사	敍(3급)	
		비유	隱(4급)	
제 2 호	01	번식	繁(준3급)	과학 / 사회
		생장점	點(4급)	
	02	결정	結(5급)	
		고랭지	高(6급)	
제 3 호	01	분출	噴(1급)	과학 / 국어
		용암	鎔(2급)	
	02	지진	震(준3급)	
		범람	濫(3급)	
제 4 호	01	고분	墓(4급)	사회 / 미술
		국보	寶(준4급)	
	02	채색	彩(준3급)	
		근본	根(6급)	

마법의 상위권 어휘 이렇게 공부하세요!

지문 읽기

글을 읽으면서 주황색으로 된 낱말의 뜻은 무엇인지 머릿속에 그려 보세요. 낱말의 뜻은 글 속에서 익혀야 정확하게 알고 오래 기억할 수 있답니다.

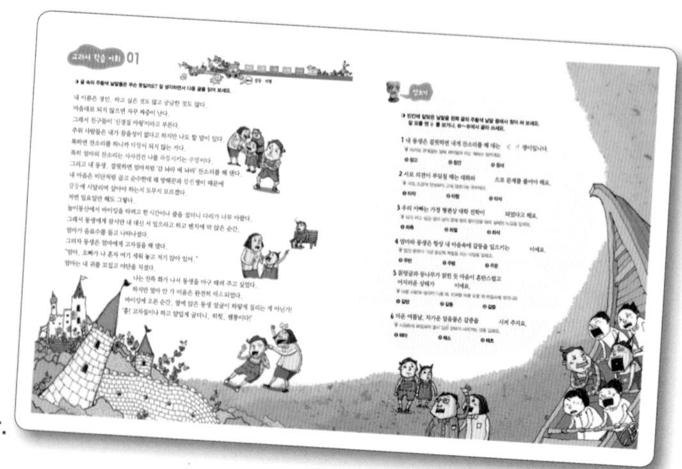

맛보기

지문에 나온 주황색 낱말 중 하나를 골라 빈칸에 답을 써 보세요. 한 번만 써 보아도 어휘를 내 것으로 만드는 데 큰 도움이 됩니다.

돋보기

왼쪽 상단의 박스 속에 든 대표 어휘의 뜻을 먼저 익히세요. 한자와 낱글자 풀이를 꼼꼼히 읽으면 쉽게 뜻을 알 수 있어요.

글을 따라 읽으며 확장 어휘에는 무엇이 있는지 익혀 보세요. 다 읽은 다음, 쏙쏙 문제를 풀면 머릿속에 어휘들이 쏙쏙 들어올 거예요.

한자가 술술

한자에 담긴 글자 원리를 읽고, 암기카드 속 문장을 노래하듯 외우며 빈칸을 채우고 한자도 써 보세요.

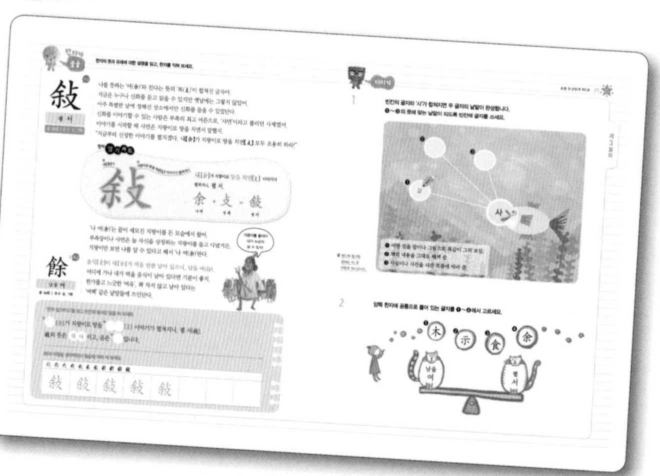

다지기

공부한 내용을 기억하기 쉽도록 재미있는 문제로 만들었어요. 실력도 다지고, 재미있게 학습을 마무리해요.

● 각 호는 1주일, 각 권은 1개월 단위의 학습량으로 구성되어 있습니다. 일주일에 한 호씩, 한 달이면 나도 상위권 어휘력을 가질 수 있어요.

도전! 어휘왕

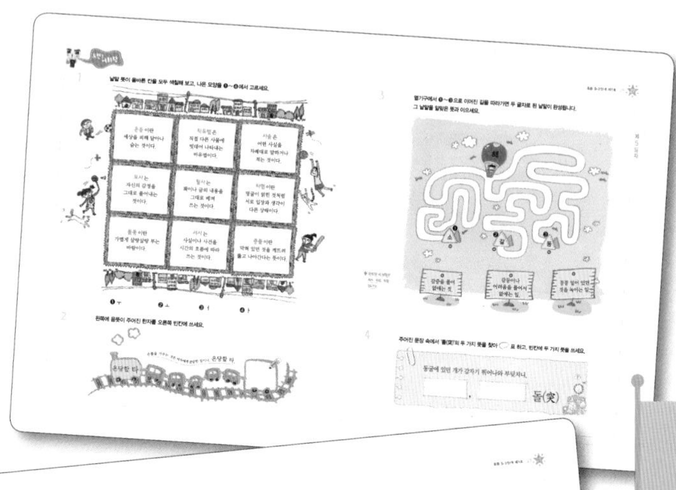

재미있는 게임형 문제를 풀며 어휘력을 키울 수 있어요.
사다리, 미로, 색칠하기, 선긋기 등 다양한 활동으로 재미있게 공부해 봐요.

평가 문제

학교 시험 문제와 유사한 유형의 문제를 풀어 볼 차례입니다.
어휘력으로 학교 공부를 잡는다는 말, 여기에서 실감해 보세요!

어휘랑 놀자!

01

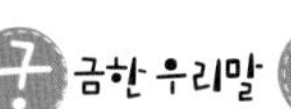

아름답고 궁금한 우리말 이야기

교과서에 나오는 순우리말과 속담, 관용어를 만화로 재미있게 익혀 보세요.

02

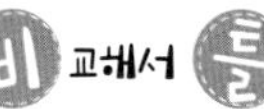

비슷해서 틀리기 쉬운 말 비교해서 틀리지 말자

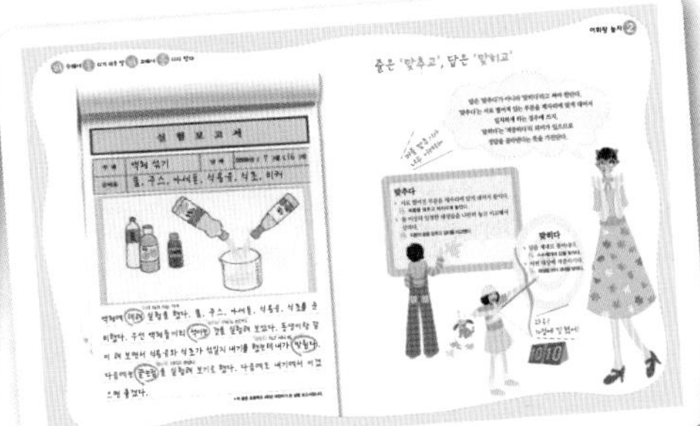

또래 친구들이 실제로 쓴 글을 보고 틀리기 쉬운 말을 바르게 구분하여 익혀 보세요.

03

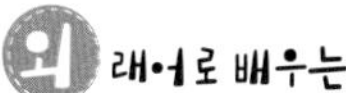

외래어로 배우는 워드(word) 라고요!

교과서에 나오는 외래어를 이용, 초등학교에서 꼭 알아야 할 영단어를 익혀 보세요.

주요 등장인물 소개

마법의 상위권 어휘 떡 친구들을 소개합니다!

내 코에선 맛있는 꿀물이 나오지.
내가 꿀차 한잔 타 줄까?
팽

달콤한 꿀물이 먹고 싶다면
언제든 내게 말하라고.
어허~
좋다!!
벌컥
벌컥

백설기 공주!
어휴, 더럽게 콧물이 뭐야?!

안녕, 나는 백설기 떡이야.
흰 피부에 큰 눈,
정말 백설 공주같이 예쁘지?
얼굴이 네모인데,
네모 공주가
더 맞는 말이겠어.

네모는 사각형으로,
종류로는 정사각형, 직사각형,
사다리꼴 등등이 있는데,
네모라고
하지 말랬지!!

그렇다면 백설기 공주님은
직사각형 공주님?

흥, 시루떡 너야말로
사각에다 피부도 안 좋잖아!

무슨 소리, 이게 얼마나
몸에 좋고 맛좋은 팥고물인데,
한번 드셔 보실래요?
꺅!
됐거든!!
벅
벅
탁

어허, 먹는 걸 그렇게
함부로 버리는 게 아니지!
그럼,
그럼!
쑥떡 할아버지,
인절미 할머니!

시루떡이 얼마나 잘생기고
맛좋은 떡인지
아는 사람은 다 안다니까!
인절미 할머니!

역시 제겐 인절미 할머니밖에
없어요!!
흐억!
후닥~

잠깐!
네 팥고물이 묻으면
지저분해지니까
좀 떨어져 있으라고.
지저분?

킁킁,
어디선가 매운 냄새가?
킁 킁

사랑해요!
가래떡!
완. 전. 소. 중
가래떡!
가
래

떡볶이 군!

모두들 여기서 뭐 하세요?
이제 곧 떡 광장에서
떡 가요제가 시작된다고요!
아, 맞다!

어서 가서 우리의 우상
가래떡 씨를
응원하자고요!!
짜 잔~
떡 가요제

우리는 노래하고~
춤을 추는 송편 3남매~

흰 송편엔
깨가~
분홍 송편엔
밤이~
나 쑥 송편엔 몸에 좋은
콩이 들어 있지~!!

네~ 신인 댄스 그룹,
'영떡스 클럽'의 무대였습니다.
와아아~

잘했다, 잘했어!!
절편 매니저님!

역시 애비인 나,
무지개떡을 닮아
노래와 춤이 끝내주는군!
덩더쿵
쿵떡
여보, 애들이
자랑스러워요.

이제 오랫동안 기다리시던
떡마을 최고 가수왕의
무대입니다.

국민 떡가수,
가래떡 씨입니다!
꺄악
꺄아아~
꺄

꺄~
저 새하얀 피부!!
꺄~ 저 큰 키,
아니 머리!!
꺄악~
꺄~

그녀를 처음 본 순간~
입이 떡 벌어졌지~
꺄아~

오오~내 사랑~
떡인 그녀여~

꺄~ 가래떡 짱!
한 번만
안아 줘요~

꺄
꺄
히이익
꺄
꺄

이상 앞으로 여러분들과 함께
상위권 어휘를 공부할 말랑말랑
떡마을 친구들이었습니다!
헉!
가래떡 씨
얼굴이?!
지저분~

초등 5-2 단계

스토리텔링식 신교과서 학습을 위한

마법의 상위권 어휘

제 1 호

어휘가 쑥쑥 자라요.

부모님과 선생님께서는 이렇게 지도해 주세요

제 1 일차	제 2 일차	제 3 일차	제 4 일차	제 5 일차
갈등을 겪는 친구의 이야기를 읽고, 대표 어휘 '갈등'과 한자 '突'을 익힙니다. '갈등'에서 확장된 여러 낱말의 뜻을 스스로 추론해 보도록 지도해 주세요.	대표 어휘 '타협'과 한자 '妥'와 관계있는 낱말을 익히고 다지기 문제를 풉니다. '천 길 물 속은 알아도 한 길 사람 속은 모른다'라는 속담의 뜻도 알려 주세요.	윤두서의 자화상에 대한 이야기를 읽고, 대표 어휘 '묘사'와 한자 '徐'를 익힙니다. '묘사'에서 확장된 여러 낱말의 뜻을 스스로 추론해 보도록 지도해 주세요.	대표 어휘 '비유'의 뜻과 한자 '隱'을 익히고, 관계있는 낱말도 함께 익힙니다. 다지기 문제를 풀어 보고, '맞추다'와 '맞히다'를 구별하여 쓰도록 해 주세요.	재미있는 게임 문제와 학교 시험 유형의 평가 문제를 풀며 어휘 실력을 다집니다. '비전(vision)'과 구성 원리가 비슷한 영단어들도 함께 익히도록 해 주세요.

이런 내용을 배워요!

참견쟁이 내 동생 때문에 갈등을 겪고 있어요.
타협할 틈도 주지 않고 엄마께 고자질을 하는 데다,
엄마 못지않게 잔소리를 많이 해서 정말 피곤하다니까요.
어디, 갈등을 해소할 좋은 방법 좀 없을까요?

어휘랑 놀자 1

아름답고 궁금한 우리말 이야기

천 길 물속은 알아도 한 길 사람 속은 모른다

제 1 일차

- 교과서 학습 어휘 01
- 맛보기
- 돋보기1 — 갈등: 충돌 돌파 돌진 돌발 돌풍
- 한자가 술술 — 突, 空
- 다지기

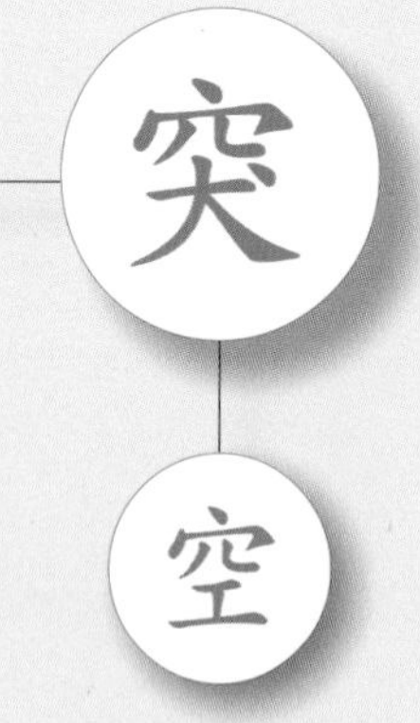

제 2 일차

- 돋보기2 — 타협: 타결 타당 해소 해갈 해동
- 한자가 술술 — 妥, 姦, 好
- 다지기

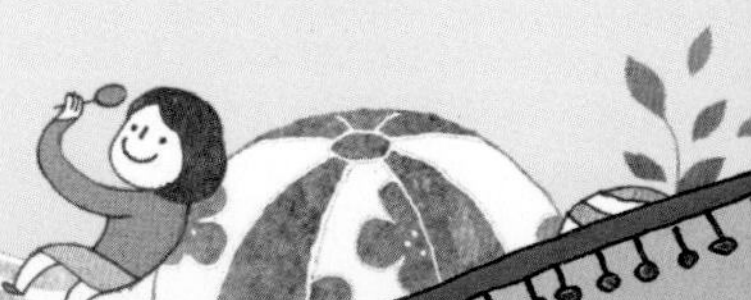

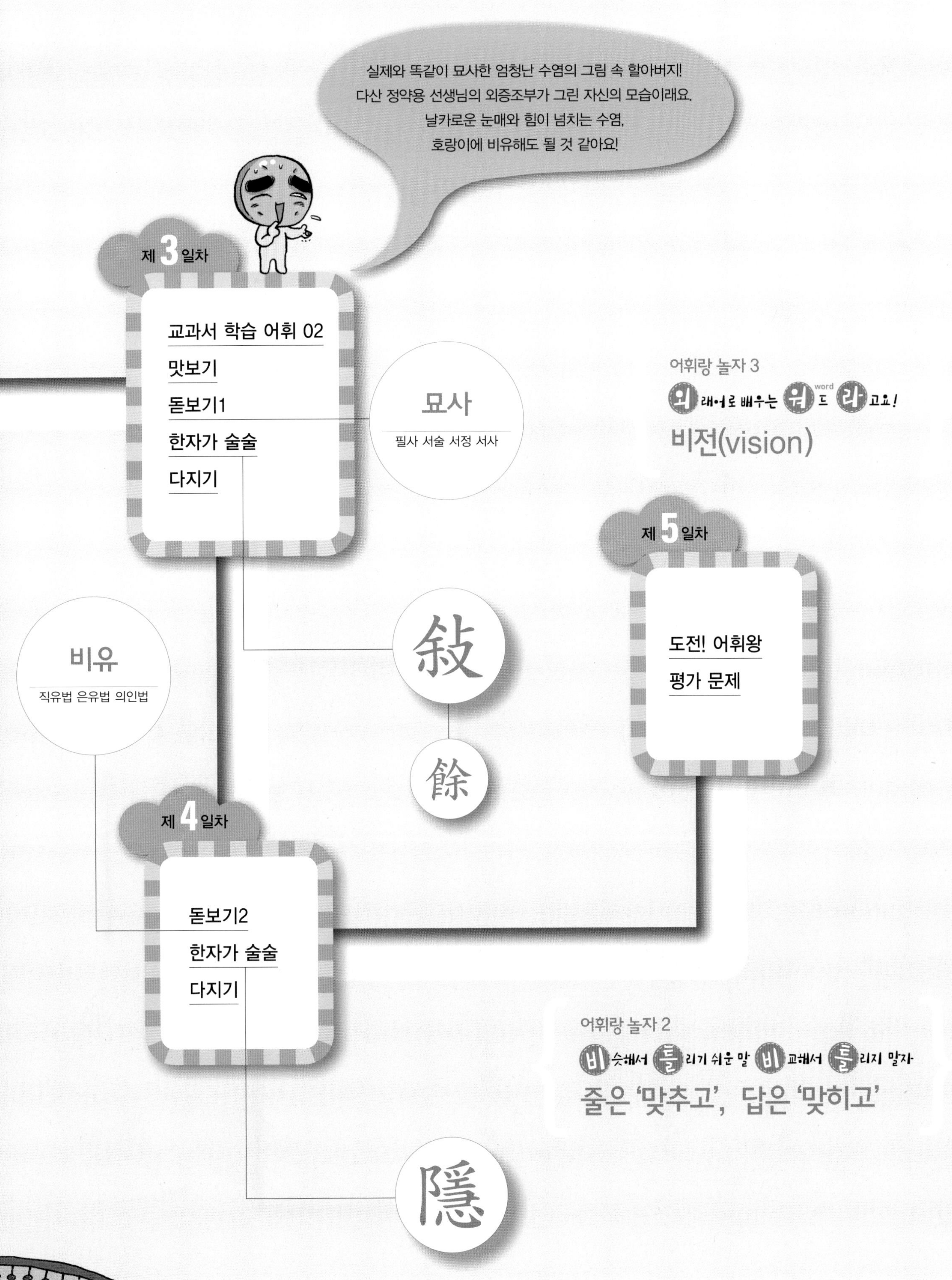
실제와 똑같이 묘사한 엄청난 수염의 그림 속 할아버지!
다산 정약용 선생님의 외증조부가 그린 자신의 모습이래요.
날카로운 눈매와 힘이 넘치는 수염,
호랑이에 비유해도 될 것 같아요!
제 3 일차
교과서 학습 어휘 02
맛보기
돋보기1
한자가 술술
다지기
묘사
필사 서술 서정 서사
敍
餘
비유
직유법 은유법 의인법
제 4 일차
돋보기2
한자가 술술
다지기
隱
어휘랑 놀자 3
외래어로 배우는 워word드 라고요!
비전(vision)
제 5 일차
도전! 어휘왕
평가 문제
어휘랑 놀자 2
비슷해서 틀리기 쉬운 말 비교해서 틀리지 말자
줄은 '맞추고', 답은 '맞히고'

◑ 글 속의 주황색 낱말들은 무슨 뜻일까요? 잘 생각하면서 다음 글을 읽어 보세요.

내 이름은 경민. 하고 싶은 것도 많고 궁금한 것도 많다.
마음대로 되지 않으면 자꾸 짜증이 난다.
그래서 친구들이 '신경질 마왕'이라고 부른다.
주위 사람들은 내가 참을성이 없다고 하지만 나도 할 말이 있다.
툭하면 잔소리를 하니까 **타협**이 되지 않는 거다.
특히 엄마의 잔소리는 사사건건 나를 **좌절**시키는 **주범**이다.
그리고 내 동생. 걸핏하면 엄마처럼 '감 놔라 배 놔라' 잔소리를 해 댄다.
내 마음은 비단처럼 곱고 순수한데 왜 방해꾼과 **참견**쟁이 때문에
갈등에 시달리며 살아야 하는지 도무지 모르겠다. 
저번 일요일만 해도 그렇다.
놀이동산에서 바이킹을 타려고 한 시간이나 줄을 섰더니 다리가 너무 아팠다.
그래서 동생에게 잠시만 내 대신 서 있으라고 하고 벤치에 막 앉은 순간,
엄마가 음료수를 들고 나타나셨다.
그러자 동생은 엄마에게 고자질을 해 댔다.
"엄마, 오빠가 나 혼자 여기 세워 놓고 저기 앉아 있어."
엄마는 내 귀를 꼬집고 야단을 치셨다.  
나는 잔뜩 화가 나서 동생을 마구 때려 주고 싶었다.
하지만 얼마 안 가 미움은 완전히 **해소**되었다.
바이킹에 오른 순간, 옆에 앉은 동생 얼굴이 하얗게 질리는 게 아닌가!
'흥! 고자질이나 하고 얄밉게 굴더니, 히힛, 쌤통이다!'

◑ **빈칸에 알맞은 낱말을 왼쪽 글의 주황색 낱말 중에서 찾아 써 보세요.**
잘 모를 땐 💡를 보거나, ❶~❸에서 골라 쓰세요.

1 내 동생은 걸핏하면 내게 잔소리를 해 대는 참 견 쟁이입니다.

💡 자기와 관계없는 일에 끼어들어 아는 체하는 일이에요.

❶ 참고 **❷ 참견** **❸ 참새**

2 서로 의견이 부딪칠 때는 대화와 ＿＿＿＿ 으로 문제를 풀어야 해요.

💡 서로 조금씩 양보하여 고쳐 맞춘다는 뜻이에요.

❶ 타작 **❷ 타협** **❸ 타석**

3 우리 아빠는 가정 형편상 대학 진학이 ＿＿＿＿ 되었다고 해요.

💡 내가 하고 싶은 일이 남의 힘에 밀려 틀어졌을 때의 실패한 느낌을 말해요.

❶ 좌측 **❷ 좌절** **❸ 좌석**

4 엄마와 동생은 항상 내 마음속에 갈등을 일으키는 ＿＿＿＿ 이에요.

💡 범인 중에서 가장 중심적 역할을 하는 사람을 말해요.

❶ 주번 **❷ 주범** **❸ 주문**

5 칡덩굴과 등나무가 얽힌 듯 마음이 혼란스럽고
어지러운 상태가 ＿＿＿＿ 이에요.

💡 다른 사람과 생각이 다를 때, 어찌할 바를 모를 때 마음속에 생겨나요

❶ 갈망 **❷ 갈등** **❸ 갈증**

6 더운 여름날, 차가운 얼음물은 갈증을 ＿＿＿＿ 시켜 주지요.

💡 시원하게 해결되어 좋지 않은 상태가 사라지는 것을 말해요.

❶ 해마 **❷ 해소** **❸ 해초**

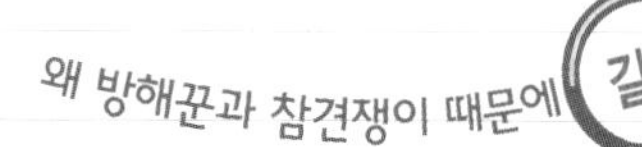

갈등의 '갈'은 칡덩굴, '등'은 등나무란다.
칡덩굴와 등나무가 서로 엉키고 꼬여 있는 모습처럼 마음속이 복잡하고 혼란스러운 것을 '갈등'이라고 해.

낱 칡【葛】덩굴과 등나무【藤】가 서로 뒤엉킴.
교 입장과 생각이 서로 달라 결정을 내리지 못하고 괴로워하는 상태.
예 어떤 옷을 골라야 할지 갈등 중이다.

쑥개떡과 백설기가 TV를 보다 자장면이 먹고 싶어졌어.
둘은 자장면을 한 그릇만 시켜 나누어 먹기로 했지.
그런데 쑥개떡은 짬뽕과 자장면 사이에서
고민하고 있어. 하나를 선택하지 못해 괴로운 마음,
이것을 '갈등'이라고 해.

쑥개떡은 갈등 끝에 짬뽕을 먹기로 마음을 정했지.
하지만 백설기는 자장면을 먹고 싶어 해.
그럼 어떻게 될까? 다른 사람과 생각이 달라 맞서는 것도 '갈등'이라고 한단다.

낱 교 서로 세게 부딪침【衝突】.
예 나무에 자동차가 충돌했다.

'충돌'은 서로 꽝 부딪치는 거야.
다른 사람과 충돌하면 마음도 다치고 상처를 입게 된단다.

빈칸에 알맞은 낱말을 〈보기〉에서 골라 써 보세요.

〈보기〉 갈등, 충돌

- 칡덩굴과 등나무가 얽힌 모습을 뜻하는 낱말인 ❶ ______ 은 입장과 생각이 서로 달라 결정을 내리지 못하고 괴로워하는 상태를 말한다.
- 갈등 상황에서 누군가 고집을 꺾지 않으면 결국 ❷ ______ 하게 된다.

자장면을 주문하려는 백설기에게 쑥개떡이 달려들고 있어.
자장면이냐, 짬뽕이냐. 백설기와 쑥개떡의 갈등은
도무지 해결될 기미가 보이지 않는구나.
이 혼란스러운 상황을 어떻게 돌파할 수 있을까?
'돌파'는 어려운 상황을 세차게 깨뜨리고 나아가 해결책을 찾아내는 것을 말해.

부딪칠 돌 突 깨뜨릴 파 破

낱 교 부딪쳐서【突】 깨뜨림【破】.

예 아무리 어려운 일이 있어도 우리는 돌파해 나갈 것이다.

떡 자장집 아저씨가 두 사람을 말리고 있어.
아저씨는 둘의 갈등을 해결할 실마리를 찾은 듯하지?
해결의 실마리를 '돌파구(突破口)'라고 해. 꽉 막혀 있던 문제를
깨뜨리고 나올 만한 구멍【口】이라는 뜻이야.
돌파구를 찾으면 두 사람의 갈등은 해결될 가능성이 있는 셈이지.
'돌(突)'로 이루어진 다른 낱말들의 쓰임에 대해서 좀 더 알아보자.

부딪칠 돌 突 나아갈 진 進

돌진

낱 교 부딪칠【突】 듯 세찬 기세로 나아감【進】.

힘찬 기세로 거침없이 곧장 나아가는 것을 '돌진'이라고 해.

예 떡구는 먹을 것을 주지 않자 주인인 쑥개떡을 향해 돌진했다.

갑자기 돌 突 일어날 발 發

돌발

낱 교 갑자기【突】 어떤 일이 일어남【發】.

'돌발'은 예상도 못한 일이 갑자기 일어나는 것이야.

예 수업 중 교실 창문에 참새가 와서 부딪치는 돌발 사태가 벌어졌다.

갑자기 돌 突 바람 풍 風

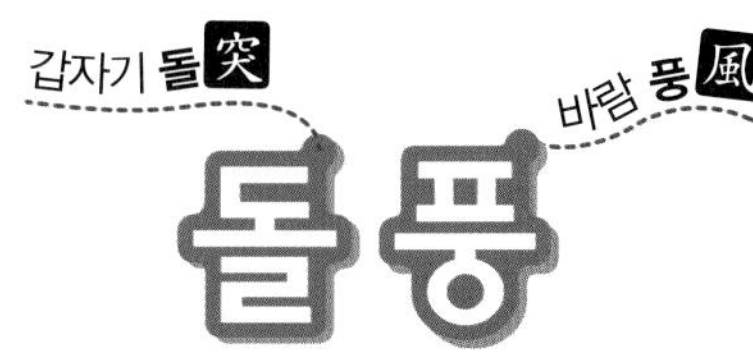

낱 교 갑자기【突】 세차게 부는 바람【風】.

갑자기 세차게 부는 바람이야. 또는 갑자기 인기를 얻을 때도 써.

예 갑자기 불어 닥친 돌풍에 오토바이가 중심을 잃었다.

빈칸에 알맞은 낱말을 〈보기〉에서 골라 써 보세요.

〈보기〉 돌풍, 돌발, 돌진

- ❶ ______ 은 갑자기 세차게 부는 바람이다.
- 자동차가 시동을 걸자마자 맞은편 벽을 향해 ❷ ______ 해서 부딪쳤다.
- 갑자기 일어나는 사고를 ❸ ______ 사고라고 한다.

한자의 뜻과 유래에 대한 설명을 읽고, 한자를 익혀 보세요.

突

준3급

갑자기, 부딪칠 **돌**

총 9획 | 부수 穴, 4획

구멍 혈(穴)과 개 견(犬)이 합쳐진 글자야.
구멍 혈(穴)은 동굴 모양을 본뜬 글자란다.
갑자기 동굴에서 개가 튀어나와 나무에 '쾅' 부딪친다면 얼마나 놀라겠니?
어두운 동굴【穴】에서 환한 바깥으로 튀어나온 개【犬】는 나무를 보지 못해 부딪쳤지만,
사람들에게 이보다 더 갑작스러운 상황은 없을 거야.

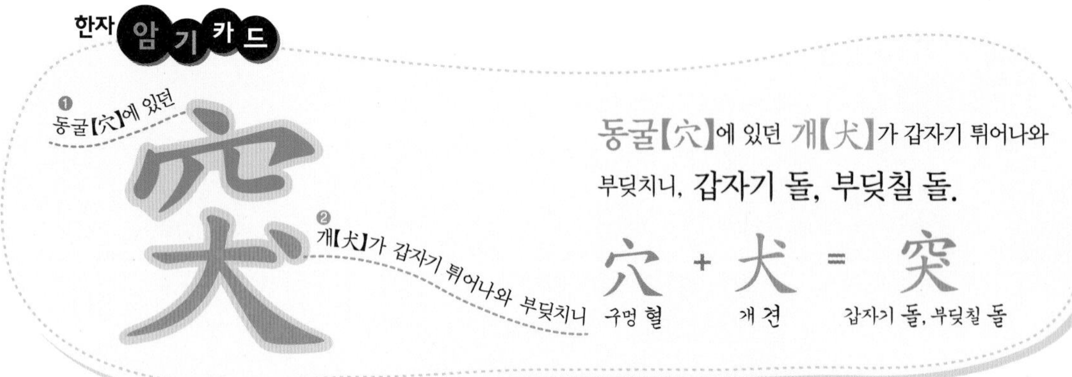

空

7급

빌 **공**

총 8획 | 부수 穴, 3획

동굴【穴】 앞에 나뭇가지【工】를 세우면 동굴이 비었다는 것이니, 빌 공(空).

* 工은 '장인 공'이나 여기에서는 나뭇가지로 봄.

옛사람들은 동굴에서 살았지.
동굴을 비울 때에는 동굴 앞에 나뭇가지를 세워 두고 나갔어.
그것은 동굴 안에 아무도 없으니 나중에 오라는 표시였단다.
이러한 관습은 지금도 제주도에 가면 볼 수 있어.
제주도의 전통 집들은 대문이 오른쪽 사진처럼 생겼단다.
나무를 걸어 놓으면 집주인이 외출했다는 뜻이지.

제주도의 대문인 정낭.

'한자 암기카드'를 보고 빈칸에 들어갈 말을 써 보세요.

❶ (　　)【穴】에 있던 ❷ (　)【犬】가 갑자기 튀어나와 부딪치니, 갑자기 돌, 부딪칠 돌(突).

突의 뜻은 갑자기, 부딪치다 이고, 음은 ❸ (　) 입니다.

突의 어원을 생각하면서 필순에 따라 써 보세요.

突	突	突	突	突			

1

❶~❻의 뜻에 맞는 낱말이 되도록 흰 접시 안에 알맞은 글자를 쓰세요.

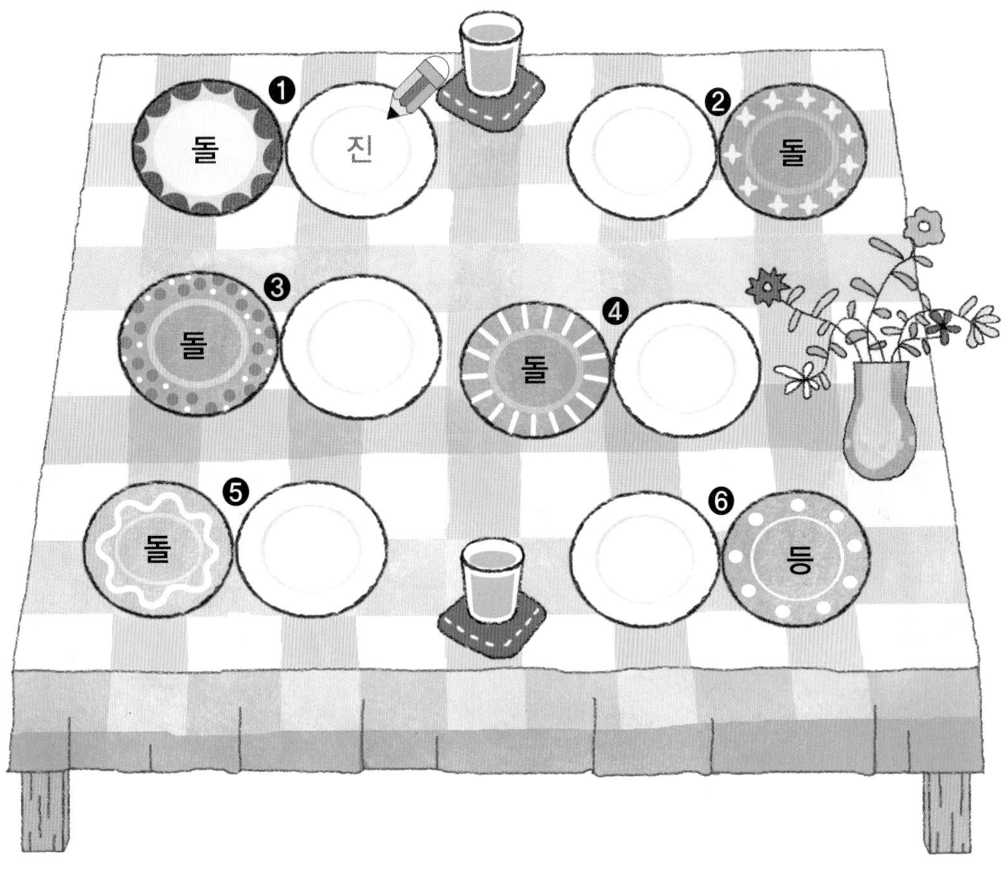

❶ 힘찬 기세로 거침없이 곧장 나아감. 예) 힘차게 돌○하다.

❷ 서로 세게 부딪침. 예) 나무에 자동차가 ○돌했다.

❸ 예상치 못한 일이 갑자기 일어나는 것. 예) 돌○ 사고.

❹ 갑자기 세차게 부는 바람.

❺ 어려운 상황을 세차게 깨뜨리고 나아가 해결책을 찾아냄. 예) 적진을 돌○하다.

❻ 입장과 생각이 서로 달라 결정을 내리지 못하고 괴로워하는 상태.

갈, 충, 풍, 파, 발 위 다섯 글자 가운데 하나를 골라 쓰세요.

2

〈보기〉의 한자를 완성하려면 어떤 글자 조각이 필요한지 ❶~❹에서 고르세요.

〈보기〉 동굴에 있던 개가 갑자기 튀어나와 부딪치니, 갑자기 돌, 부딪칠 돌.

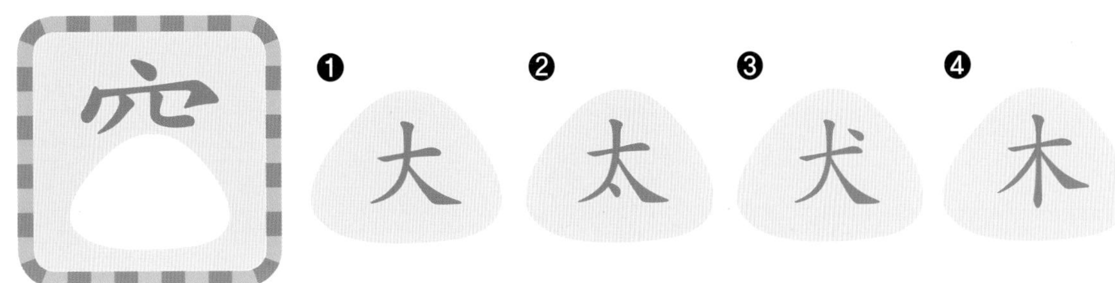

떡 자장집 아저씨가 내놓은 해결책은 바로 '짬자면'이었어!
자장과 짬뽕을 한꺼번에 먹을 수 있는 메뉴였던 거지.
하지만 백설기와 쑥개떡은 여전히 고민이 되었어.
짬자면을 시키면 자장면과 짬뽕을 둘 다 반 그릇만 먹어야 하잖아?
한 사람만이라도 먹고 싶은 것을 실컷 먹게 몰아줄 것이냐,
아니면 둘 다 먹고 싶은 것을 먹되 조금만 먹을 것이냐…….
결국 쑥개떡과 백설기는 타협하기로 했어.
양은 적지만, 둘 다 먹고 싶은 것을 먹을 수 있는 짬자면을 선택한 거지.

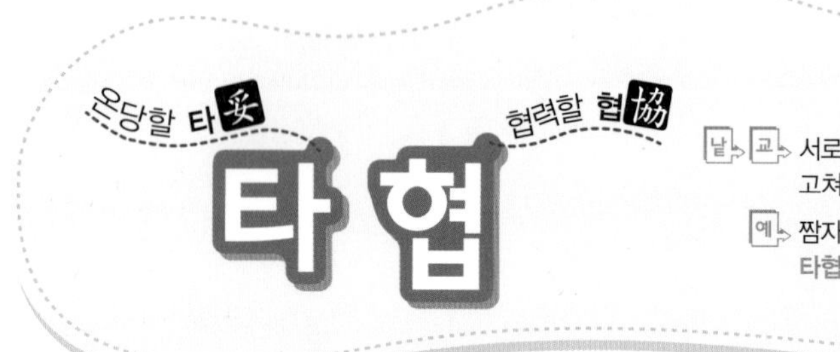

낱 교 서로에게 온당하게【妥】 조금씩 양보하고 고쳐 맞춤【協】.

예 짬자면은 짬뽕과 자장면을 모두 먹을 수 있는 타협안이다.

'타협'은 서로 조금씩 양보하고 맞추어 주는 일이야.
문제를 해결하는 지름길이지.
타협을 통해 문제를 해결하는 것을 '타결'이라고 해.
어려움이나 문제가 생겼을 때에는 이렇게 타협하고 양보하여 해결하는 것이 모두를 편안하게 할 수 있는, '타당'한 방법이란다.

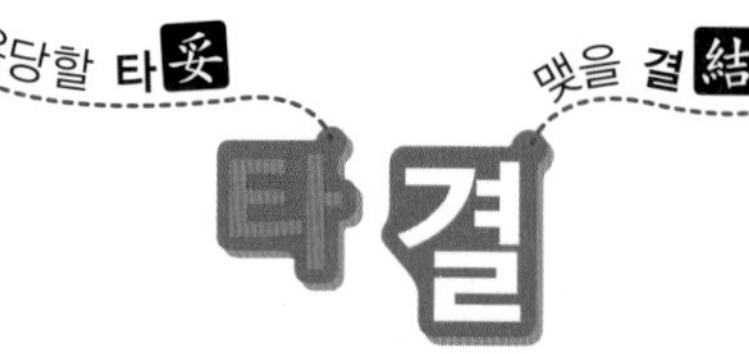

낱 교 타협【妥】을 통해 문제를 해결함【結】.

예 쑥개떡과 백설기는 짬뽕과 자장 문제를 타결하는 데 성공했다.

낱 교 이치에 맞아 온당하고【妥】 마땅함【當】.

예 다리를 건설하자는 시민들의 요청에 정부는 타당성 조사를 시작했다.

쏙쏙 문제

빈칸에 알맞은 낱말을 〈보기〉에서 골라 써 보세요.

〈보기〉 타협, 타결, 타당

- 생각이 달라 맞설 때, 서로 양보하여 고쳐 맞추는 것을 ❶ ____ 이라고 한다.
- 타협을 통해 문제를 해결하는 것을 ❷ ____ 이라고 한다.
- 네 말은 그럴듯하게 들리지만, 실제로는 ❸ ____ 하지 않다.

비로소 쑥개떡과 백설기의 갈등이 '해소'되었어.
목이 마를 때 시원한 물을 마시면 갈증이 사라지듯,
문제가 해결【解】되어 사라졌다【消】고 해서 '해소'라고 한단다.
갈등이 해소되니까 다시 사이좋게 텔레비전을 보며 웃을 수 있게 된 거지!

낱 풀어서【解】 없앰【消】.
교 갈등이나 곤란한 형편 또는 어려운 문제를 풀어서 없앰.
예 학교 앞에 육교가 생겨 등굣길 사고 위험이 해소되었다.

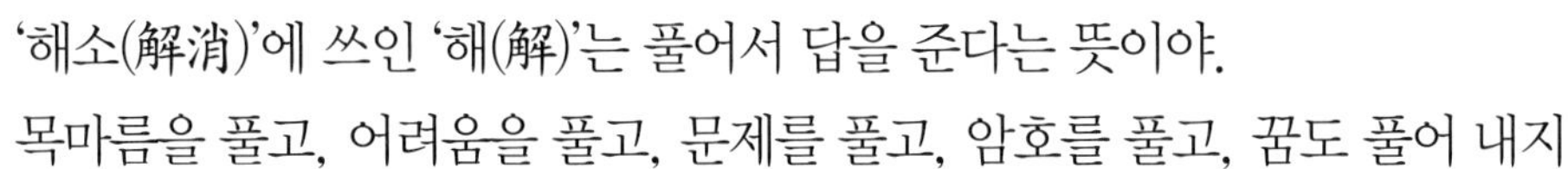
'해소(解消)'에 쓰인 '해(解)'는 풀어서 답을 준다는 뜻이야.
목마름을 풀고, 어려움을 풀고, 문제를 풀고, 암호를 풀고, 꿈도 풀어 내지.

낱 목마름【渴】을 풀어【解】 줌.
교 갈증을 풀어 없앰.
예 반가운 봄비 덕분에 해갈되었다.

갈증을 풀어 주는 것을 '해갈'이라고 해.
가뭄에 내리는 비는 농작물의 목마름을 풀어 준단다.
얼마나 반가우면 설탕처럼 달콤하다고 '단비'라고 했을까?

'해동'은 얼어 있는 것을 녹이는 거야. 겨울이 되면 강과 바다가 얼었다가 봄이 되면 해동이 되어 배가 지나다닐 수 있게 된단다.
꽁꽁 언 고기나 생선을 전자레인지에 해동하는 것을 본 적이 있지?

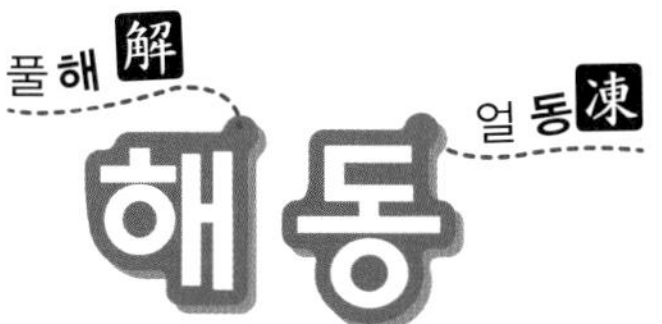

낱 교 얼었던【凍】 것이 녹아서 풀림【解】.
예 얼린 생선은 찬물에 서서히 해동해야 맛이 좋다.

빈칸에 알맞은 낱말을 〈보기〉에서 골라 써 보세요.

〈보기〉 해갈, 해동, 해소

- 극심한 교통난을 ❶ ______ 하기 위해서는 승용차 대신 버스나 지하철을 타야 한다.
- 비가 내려 가뭄을 해소해 주는 것을 ❷ ______ 이라고 한다.
- 얼었던 것이 녹는 것, 혹은 언 것을 녹이는 것을 ❸ ______ 이라고 한다.

한자의 뜻과 유래에 대한 설명을 읽고, 한자를 익혀 보세요.

妥 3급

온당할 타

총 7획 | 부수 女, 4획

옛날에는 여자가 할 일이 엄청나게 많았기 때문에,
손을 가꿀 만한 여유가 있는 여자가 별로 없었어.
손톱을 다듬고 있는 여자의 모습을 상상해 보렴. 정말 편안하고 여유롭지 않니?
손톱【爪】을 아름답게 가꾸는 여자【女】의 모습은 보기에 편안하고 온당한 일이었단다.
'온당하다'는 사리에 어그러지지 않고 알맞다는 뜻이지.

한자 암기카드

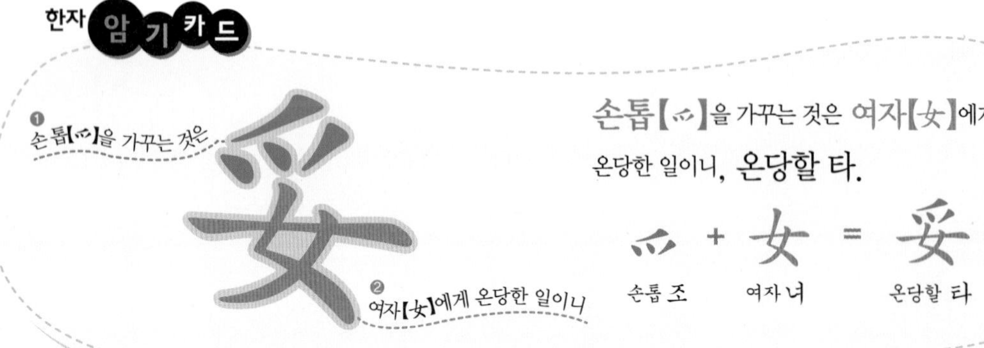

손톱【⺤】을 가꾸는 것은 여자【女】에게 온당한 일이니, **온당할 타.**

⺤ + 女 = 妥

손톱 조 · 여자 녀 · 온당할 타

姦 3급

간사할 간

총 9획 | 부수 女, 6획

여자 셋【女女女】이 모이면 간사한 음모를 꾸미니, 간사할 간(姦).
한자에서 '녀(女)'가 들어간 글자는 나쁜 뜻을 나타내는 것이 많은데,
'간사할 간(姦)'도 그런 예 중 하나란다.
여자의 입장에서 보면 황당한 일이지만 옛날 중국인들이 그렇게 생각한 걸 어쩌겠어.

好 4급

좋을 호

총 6획 | 부수 女, 3획

여자【女】와 아들【子】이 함께 있으면 좋으니, 좋을 호(好).
여자가 아들을 데리고 있으면 기분이 좋고 편안해지겠지.
좋아하는 느낌을 뜻하는 '호감(好感)' 등에 쓰인단다.

'한자 암기카드'를 보고 빈칸에 들어갈 말을 써 보세요.

❶ ◯◯【⺤】을 가꾸는 것은 ❷ ◯◯【女】에게 온당한 일이니, 온당할 타(妥).

妥의 뜻은 온당하다 이고, 음은 ❸ ◯ 입니다.

妥의 어원을 생각하면서 필순에 따라 써 보세요.

妥 妥 妥 妥 妥 妥 妥

妥	妥	妥	妥	妥			

1 ❶~❸에서 사다리를 타면 같은 색의 빈칸이 나와요.
❶~❸의 뜻에 맞는 낱말이 되도록 빈칸에 알맞은 글자를 쓰세요.

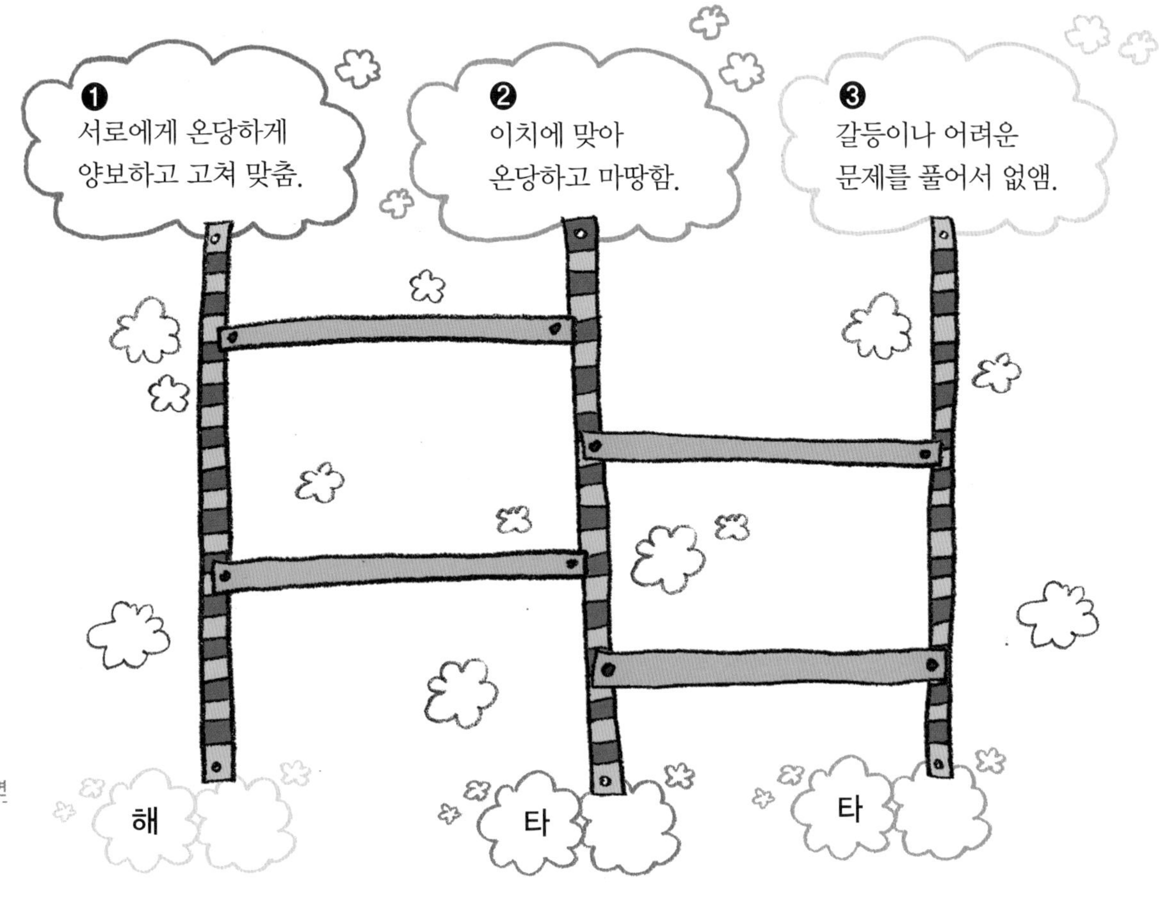

사다리 타기가 어려우면 같은 색의 빈칸을 찾아가세요.

2 양쪽 한자에 공통으로 들어 있는 글자를 ❶~❹에서 고르세요.

천 길 물속은 알아도 한 길 사람 속은 모른다

쑥개떡?
아뇨.
꿀떡이?
아뇨.
시루떡?
아뇨.

제 이상형은 키 크고 잘생긴
가래떡 씨라고요!

도대체 제 생각을
맞히는 게
하나도 없네요.
당연하지!!

우리 속담에 이런 말도 있잖아!
천 길 물속은 알아도
한 길 사람 속은 모른다

아주 깊은 천 길 물속이라도 사람은
들어가 볼 수 있지만 한 길 사람 속은
들어가 볼 수도, 알 수도 없다고.

그만큼 사람의 속마음은
알기 힘들다는 뜻이야.

그럼 제 속마음도
모르고, 대체
아는 게 뭐예요?
딱 한 가지는
알 수 있지!

넌 가래떡 씨와는 안 돼. 왜냐면 내가
먼저 가래떡 씨를 찜해 놨으니까~!!
착!

◑ 글 속의 주황색 낱말들은 무슨 뜻일까요? 잘 생각하면서 다음 글을 읽어 보세요.

나는 이 그림을 보는 순간 깜짝 놀랐다.
몸은 없고 얼굴만 공중에 떠 있는 게 아닌가?
섬뜩하고 무서웠다.
이분이 다산 정약용 선생의 외증조부라니!
자신의 얼굴을 직접 이렇게 그려 냈다고 한다.
깊고 날카로운 눈은 바로 앞에서 나를 꿰뚫어 보는 것 같다.
눈 밑에 깊게 파인 주름은 고뇌에 가득 차 있는 듯하고
굳게 다문 입은 강인한 느낌을 준다.
특히 수염은 정말 놀랍다.
한 올 한 올 실제와 똑같이 묘사했다.
얼굴 옆선까지 빽빽한 수염은 불길이 솟구치듯 힘이 넘친다.
이걸 다 그리려면 대단한 인내심이 필요했을 것이다.
날카로운 눈과 힘이 넘치는 수염을 가진 이분은
호랑이에 비유할 수 있을 것 같다.
이 그림은 우리나라 초상화 중
불후의 명작으로 꼽힌다.

국보 제240호 공재 윤두서 자화상 ⓒ 윤형식
화폭 전체에 얼굴만 그려져 강한 인상을 주며 묘사가 뛰어나, 조선 시대의 초상화 중에서도 빼어난 그림으로 평가받는다.

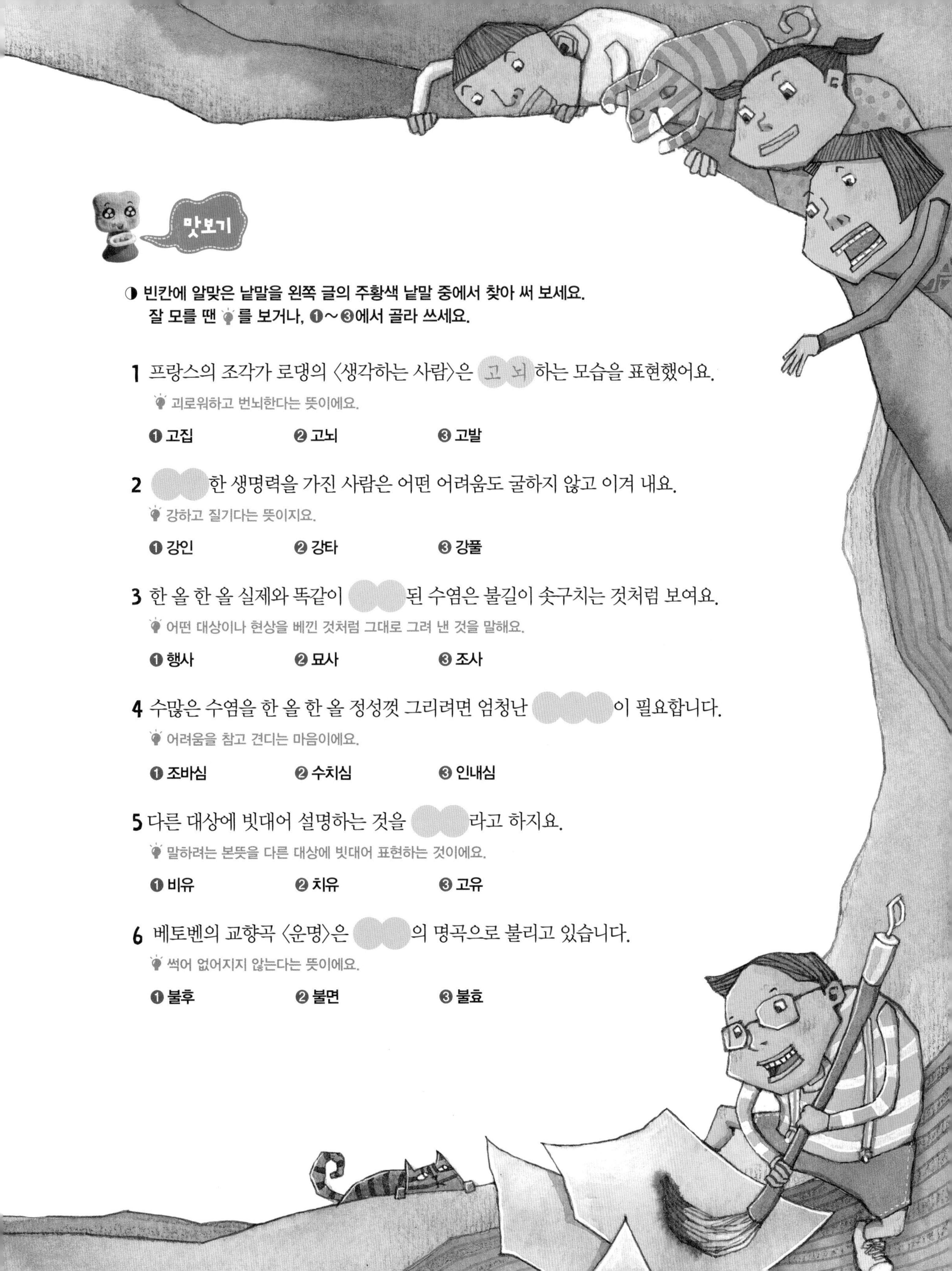

맛보기

◑ **빈칸에 알맞은 낱말을 왼쪽 글의 주황색 낱말 중에서 찾아 써 보세요.**
잘 모를 땐 💡를 보거나, ❶~❸에서 골라 쓰세요.

1 프랑스의 조각가 로댕의 〈생각하는 사람〉은 고 뇌 하는 모습을 표현했어요.

💡 괴로워하고 번뇌한다는 뜻이에요.

❶ 고집　　❷ 고뇌　　❸ 고발

2 ______한 생명력을 가진 사람은 어떤 어려움도 굴하지 않고 이겨 내요.

💡 강하고 질기다는 뜻이지요.

❶ 강인　　❷ 강타　　❸ 강풀

3 한 올 한 올 실제와 똑같이 ______된 수염은 불길이 솟구치는 것처럼 보여요.

💡 어떤 대상이나 현상을 베낀 것처럼 그대로 그려 낸 것을 말해요.

❶ 행사　　❷ 묘사　　❸ 조사

4 수많은 수염을 한 올 한 올 정성껏 그리려면 엄청난 ______이 필요합니다.

💡 어려움을 참고 견디는 마음이에요.

❶ 조바심　　❷ 수치심　　❸ 인내심

5 다른 대상에 빗대어 설명하는 것을 ______라고 하지요.

💡 말하려는 본뜻을 다른 대상에 빗대어 표현하는 것이에요.

❶ 비유　　❷ 치유　　❸ 고유

6 베토벤의 교향곡 〈운명〉은 ______의 명곡으로 불리고 있습니다.

💡 썩어 없어지지 않는다는 뜻이에요.

❶ 불후　　❷ 불면　　❸ 불효

한 올 한 올 실제와 똑같이 묘사했다

백설기가 자기 얼굴을 묘사한 그림을 보여 주었어.
실물과 똑같이 그렸다고 주장하고 있는데, 과연 그러니?
'묘사'는 실제와 똑같이 그려 내는 거야.
눈, 코, 입, 그리고 옷차림까지 똑같이 그려 내면,
그림만 봐도 그 사람이 누구인지 알 수 있단다.

낱 그림을 그리듯【描】 베끼는【寫】 것.
교 어떤 것을 말, 글, 그림으로 실제와 똑같이 그려 냄.
예 백설기의 그림은 실물을 사뭇 다르게 묘사했다.

주로 그리는 것을 묘사라고 하는데, 말이나 글로도 그림을 그리듯 나타낼 수 있단다.
잘 묘사된 글을 읽으면 그 대상을 머릿속에 그림을 그리듯 떠올릴 수 있거든.
좋은 글은 많은 사람들이 돌려 보고 싶어 하지.
하지만 옛날에는 인쇄술이 없었기 때문에
책으로 찍어 낼 수 없었단다.
일일이 손으로 베껴서 책을 만들었지.
글을 그대로 베껴 쓰는 것을 '필사(筆寫)', 필사한
것을 책으로 만든 것을 '필사본(筆寫本)'이라고 해.

얼굴

개떡 같은 내 얼굴
예쁘기도 하지요.

눈도 반짝 코도 반짝
입도 반짝반짝.

낱 베껴【寫】 씀【筆】.
교 책의 내용을 그대로 베껴 씀.
예 좋은 글을 쓰기 위해 문학 작품을 필사하는 연습을 하기도 한다.

쏙쏙 문제

빈칸에 알맞은 낱말을 〈보기〉에서 골라 써 보세요.

〈보기〉 묘사, 필사

- 말과 글, 그림으로 실제의 모습을 그려 보이는 것을 ❶ (   ) 라고 한다.
- 인쇄술이 발명되기 전에는 글을 그대로 베껴 쓰는 ❷ (   ) 방법으로 책을 만들었다.

똑같은 이야기라도 어떤 방법으로 이야기하느냐에 따라 내용과 재미가 달라진단다.
쑥개떡이 쿠키의 초대로 과자 나라에 다녀온 이야기를 친구들에게 들려주려고 해.
이야기 방법에 따라 내용이 어떻게 달라지는지 하나하나 살펴보자.

낱 교 어떤 사실을 차례【敍】대로 말하거나 적음【述】.
예 각자의 생각을 주어진 조건에 맞추어 서술하시오.

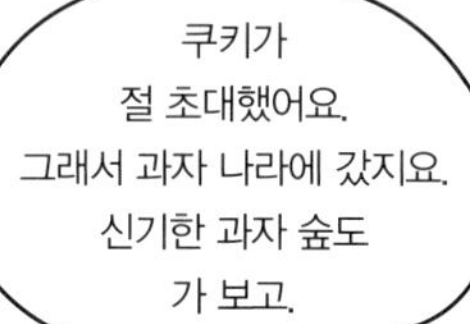

"난 과자 나라에 다녀왔어."라는 말보다, "쿠키가 나를 자기 집에 초대했어.
그래서 과자 나라에 가게 되었지."와 같은 말을 들으면,
어떤 일이 있었는지 더 잘 알게 되지. 앞뒤 순서를 알 수 있으니 말이야.
어떤 일을 차례와 논리에 맞도록 말하거나 글로 쓰는 일을 '서술'이라고 해.

낱 교 자신의 감정【情】을 그대로 풀어냄【敍】.
예 쑥개떡은 진달래떡 양을 좋아하는 마음을 한 편의 서정시로 풀어냈다.

있었던 일이 아니라, 느낌과 감정 위주로 이야기를 할 수도 있어.
풍경이 멋있었고, 과자가 맛있었고, 또 가고 싶고…….
이렇게 느낌과 감정을 말과 글로 풀어내는 것을 '서정'이라고 해.

있었던 일을 시간 순서대로 차근차근 이야기해도 좋겠지.
첫째 날은 무슨 일을 했고, 그다음엔……. 이렇게 시간의 흐름에 따라
차근차근 이야기하는 것을 '서사'라고 한단다.

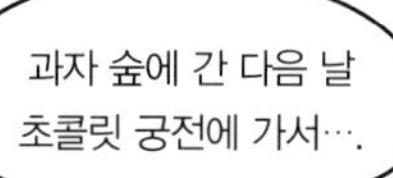

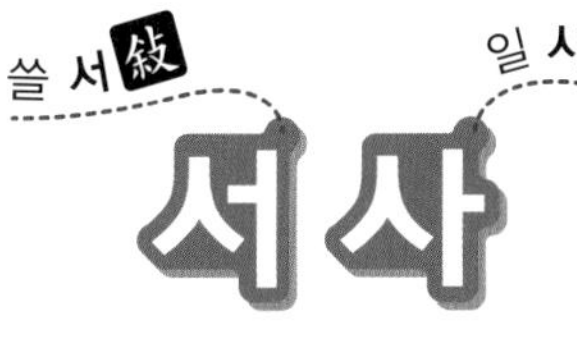

낱 교 사실【事】이나 사건을 시간의 흐름에 따라 씀【敍】.
예 그리스의 시인 호메로스는 그리스 영웅의 이야기를 서사시로 그려 냈다.

빈칸에 알맞은 낱말을 〈보기〉에서 골라 써 보세요.

〈보기〉 서사, 서술, 서정

- 어떤 사실을 차례대로 말하거나 적는 것을 ❶ ______ 이라고 한다.

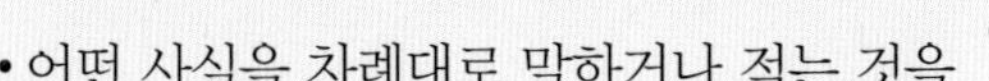

- 시간의 흐름에 따라 펼쳐지는 이야기를 ❷ ______ 라고 하며, 이런 형식의 시를 서사시라고 한다.
- 서사시에 비해 개인의 느낌을 담아서 쓰는 시를 ❸ ______ 시라고 한다.

한자의 뜻과 유래에 대한 설명을 읽고, 한자를 익혀 보세요.

敍

3급

펼 서

총 11획 | 부수 攴, 7획

나를 뜻하는 '여(余)'와 친다는 뜻의 '복(攴)'이 합쳐진 글자야.
지금은 누구나 신화를 듣고 읽을 수 있지만 옛날에는 그렇지 않았어.
아주 특별한 날에 정해진 장소에서만 신화를 들을 수 있었단다.
신화를 이야기할 수 있는 사람은 부족의 최고 어른으로, '샤먼'이라고 불리던 사제였어.
이야기를 시작할 때 샤먼은 지팡이로 땅을 치면서 말했지.
"지금부터 신성한 이야기를 펼치겠다. 내【余】가 지팡이로 땅을 치면【攴】 모두 조용히 하라!"

내【余】가 지팡이로 땅을 치면【攴】 이야기가 펼쳐지니, **펼 서**.

余 + 攴 = 敍

나 여 / 칠 복 / 펼 서

'나 여(余)'는 끝이 세모진 지팡이를 든 모습에서 왔어.
부족장이나 샤먼은 늘 자신을 상징하는 지팡이를 들고 다녔거든.
지팡이만 보면 나를 알 수 있다고 해서 '나 여(余)'란다.

준4급

남을 여

총 16획 | 부수 食, 7획

음식【食】이 내【余】가 먹을 만큼 남아 있으니, 남을 여(餘).
어디에 가나 내가 먹을 음식이 남아 있다면 기분이 좋지.
한가롭고 느긋한 '여유', 꽉 차지 않고 남아 있다는
'여백' 같은 낱말들에 쓰인단다.

'한자 암기카드'를 보고 빈칸에 들어갈 말을 써 보세요.

❶ (　)【余】가 지팡이로 땅을 ❷ (　)(　)【攴】 이야기가 펼쳐지니, 펼 서(敍).

敍의 뜻은 (펴)(다) 이고, 음은 ❸ (　) 입니다.

敍의 어원을 생각하면서 필순에 따라 써 보세요.

敍 敍 敍 敍 敍 敍 敍 敍 敍 敍 敍							
敍	敍	敍	敍	敍			

1

빈칸의 글자와 '사'가 합쳐지면 두 글자의 낱말이 완성됩니다.
❶~❸의 뜻에 맞는 낱말이 되도록 빈칸에 글자를 쓰세요.

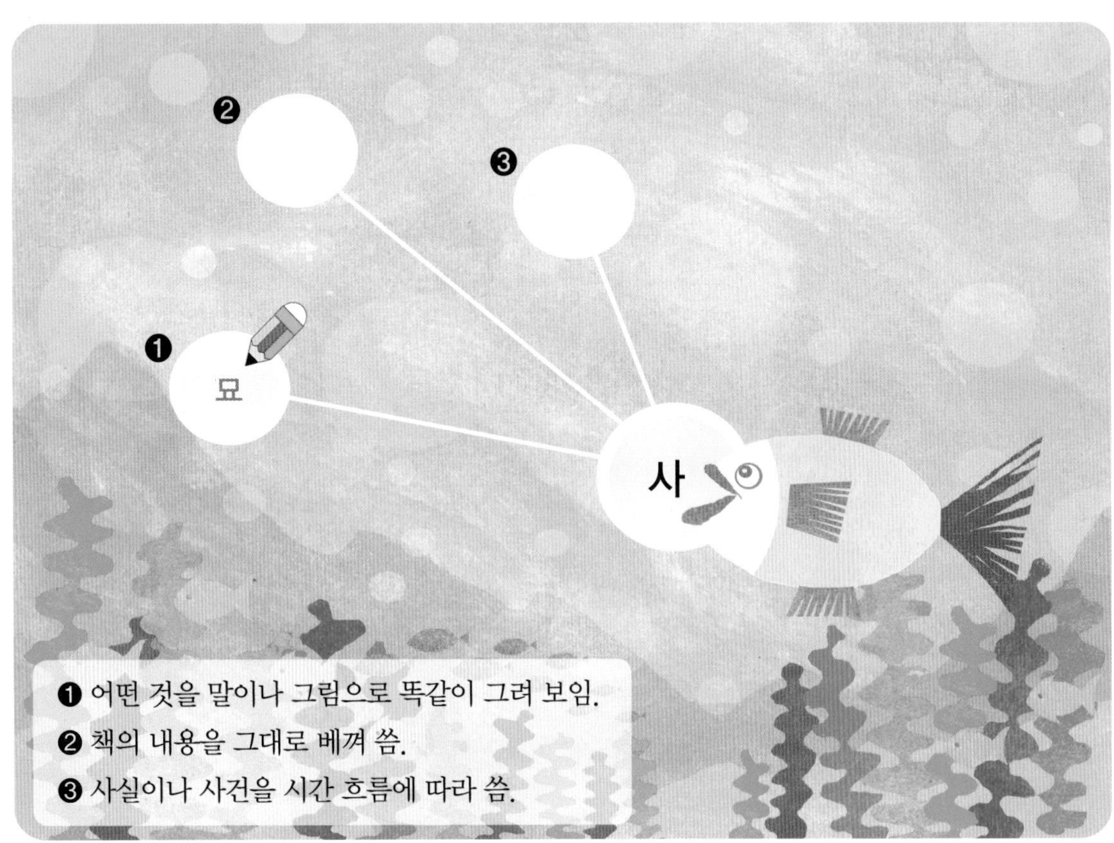

빈칸에 들어갈 글자는 서, 필 가운데 하나입니다.

2

양쪽 한자에 공통으로 들어 있는 글자를 ❶~❹에서 고르세요.

힘이 넘치는 수염을 가진 이분은 호랑이에 **비유** 할 수 있을 것 같다

인절미 할머니와 쑥떡 할아버지가 기분이 무척 좋아 보이지?
서로 칭찬을 해 주다 보니 기분이 좋아진 모양이야.
쑥떡 할아버지는 인절미 할머니에게 우아한 백조 같다고 했고,
인절미 할머니는 쑥떡 할아버지에게 '제비'라고 말했어.
둘 다 하고 싶은 말을 다른 사물에 빗대어 말했지.
이렇게 자신이 표현하고 싶은 것을 다른 사물에 빗대어
나타내는 것을 '비유'라고 해.

교 어떤 사물이나 현상을 비슷한 다른 것에 빗대어 설명하는 표현 방법.
예 '시간은 금이다'라는 표현은 시간의 소중함을 값비싼 금에 비유한 것이다.

비유법은 다른 것에 빗대어 설명하는 방법이야.
주로 쓰이는 비유법에는 직유법, 은유법, 의인법이 있어.
쑥떡 할아버지는 "나는 노랑나비처럼 자유롭다."라고 말했어.
할아버지가 말하고 싶은 본뜻은 '자유롭다'는 것이지.
이 말이 직접 나타나 있으니까 '직유법'이란다.

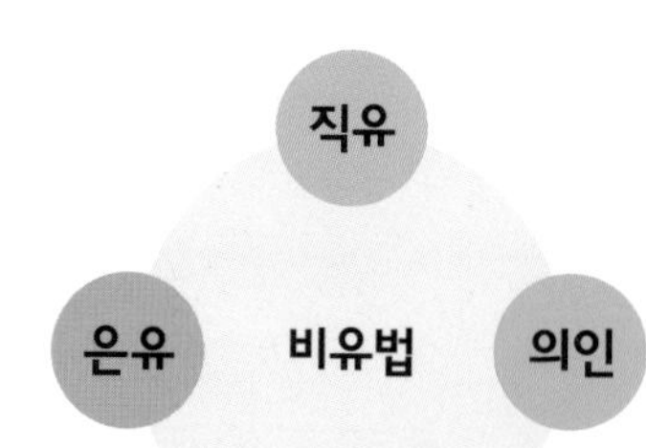

낱 교 비슷한 속성을 가진 다른 사물을 직접【直】 빗대어 표현하는 비유【喩】 방법【法】.
예 보름달같이 둥근 얼굴에 별처럼 빛나는 두 눈, 앵두같이 빨간 입술을 가진 그녀가 좋다.

쏙쏙 문제

다음에서 직유법을 사용하여 표현한 것에 ○표, 아닌 것에 X표 하세요.

❶ 내 마음은 편안하다. (　　)

❷ 네 코는 마늘쪽처럼 잘생겼다. (　　)

❸ 사슴은 목이 길다. (　　)

제4일차

인절미 할머니의 비유는 쑥떡 할아버지처럼 직접적이지 않아.
인절미 할머니는 쑥떡 할아버지에게 제비라고 했는데,
쑥떡 할아버지의 어떤 점을 '제비'라고 말한 것일까?
인절미 할머니가 말하고 싶은 내용은 숨겨져 있어. 이런 표현법을 '은유법'이라고 해.
은유법은 본뜻을 숨겨 비유하기 때문에 듣는 사람이 여러 가지로 상상할 수 있단다.

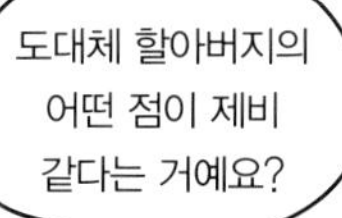

낱 본뜻을 숨기고【隱】 다른 것으로 바꾸어 나타낸 비유【喩】 방법【法】.
교 직접 말하려는 것을 숨기고 다른 말로 바꾸어 나타내는 비유법.
예 "내 마음은 호수입니다. 당신은 호수에서 빛나는 별사탕입니다."

"코스모스가 나를 보고 웃었다."라는 말을 들으면 어떤 느낌이 드니?
이 말은 코스모스가 예쁘다거나 하는 느낌을 표현한 말이야.
꽃은 원래 웃을 수 없으니까 말이야.
사람이 아닌 것을 마치 사람이 행동하고 생각하는 것처럼
표현하는 방법을 '의인법'이라고 해.

낱 교 사람이 아닌 것을 사람【人】으로 흉내 내어【擬】 표현한 비유법【法】.
예 꽃은 웃고 있고, 강물은 말없이 가고 있다.

이야기를 하거나 감정을 표현할 때 비유를 사용하면
듣는 사람의 상상력을 자극해서 한층 생생하게 말할 수 있단다.
좋아하는 마음을 표현할 때 '나 너 좋아해.'라고 말하기 어렵다면,
'넌 내 마음속 별님이야.'라고 빗대어 말해 보면 어떨까?

다음에서 은유법을 사용한 것은 '은', 의인법을 사용한 것은 '의'라고 빈칸에 써 보세요.

❶ 나무가 추위에 떨고 서 있다. (　　)

❷ 내 정신은 맑은 하늘이고 내 몸은 불타는 떡볶이떡이다. (　　)

한자의 뜻과 유래에 대한 설명을 읽고, 한자를 익혀 보세요.

隱

4급

숨을 은

총 17획 | 부수 阝, 14획

평화롭던 떡 마을에 어느 날 갑자기 늑대들이 쳐들어왔지 뭐야. 바로 떡구를 잡기 위해서였어. 떡구는 늑대에게 잡히지 않으려고 몸을 숨길 곳을 만들었지. 재빨리 언덕【阝】 위로 올라가 손톱【爫】으로 구멍을 팠어【工】. 몸뿐만 아니라 손【⺕】과 마음【心】까지 숨기니, 늑대들은 그만 허탕을 치고 말았어.

늑대가 왜 떡구를 잡으려고 할까요?

글쎄, 모를 일이야.

한자 암기카드

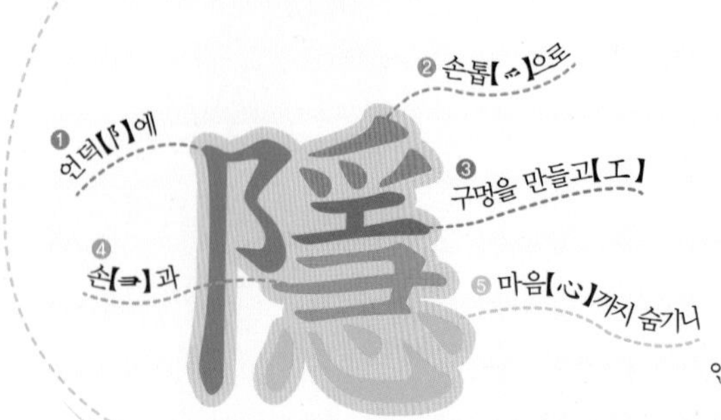

언덕【阝】에 손톱【爫】으로 구멍을 만들고【工】 손【⺕】과 마음【心】까지 숨기니, 숨을 은.

阝 + 爫 + 工 + ⺕ + 心 = 隱

언덕 부 / 손톱 조 / 만들 공 / 손 계 / 마음 심 / 숨을 은

'숨을 은(隱)'은 '은둔', '은닉' 등의 낱말에 쓰여.

낱 교 세상을 피해 달아나【遁】 숨음【隱】.

예 그는 오랫동안 시골에서 은둔했다.

낱 교 감추고【隱】 숨겨 놓음【匿】.

예 범인이 은닉한 물건들입니다.

'한자 암기카드'를 보고 빈칸에 들어갈 말을 써 보세요.

❶ ○○【阝】에 ❷ ○○【爫】으로 구멍을 ❸ ○○○【工】 ❹ ○【⺕】과 ❺ ○○【心】까지 숨기니, 숨을 은(隱). 隱의 뜻은 숨다이고, 음은 ❻ ○ 입니다.

隱의 어원을 생각하면서 필순에 따라 써 보세요.

隱 隱 隱 隱 隱 隱 隱 隱 隱 隱 隱 隱 隱 隱 隱 隱 隱

隱	隱	隱	隱	隱			

1 〈보기〉의 ❶~❹에 해당하는 낱말을 따라 길에 줄을 그으세요.

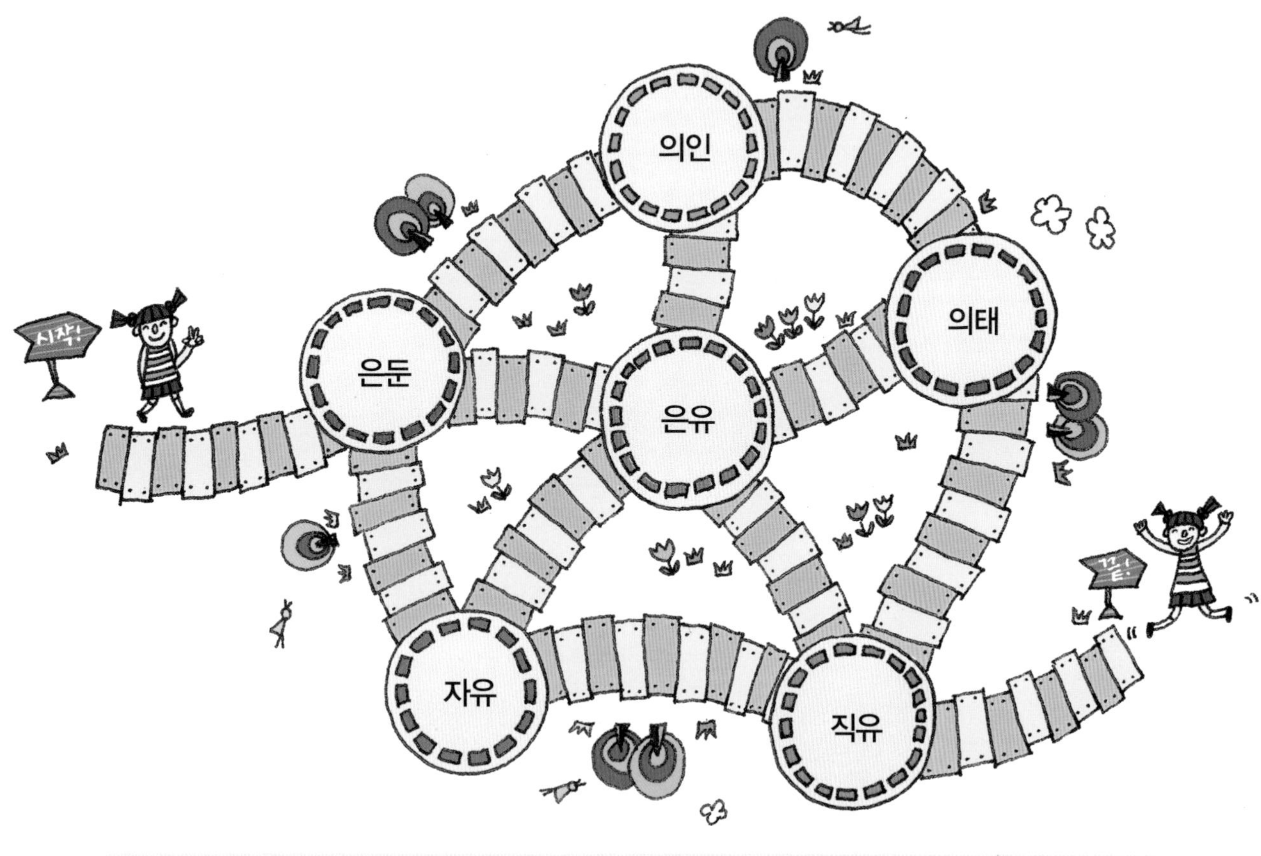

〈보기〉 ❶ 세상을 피해 달아나 숨음.
❷ 사람이 아닌 것을 사람처럼 흉내 내어 표현함.
❸ 직접 말하려는 것을 숨기고 다른 말로 빗대어 나타냄.
❹ 직접적으로 다른 사물에 빗대어 나타냄.

❶은 길이 시작하는 지점에, ❹는 길이 끝나는 지점에 있어요.

2 왼쪽에 음뜻이 주어진 한자를 오른쪽 빈칸에 쓰세요.

실 험 보 고 서

주 제	액체 섞기	날 짜	2008년 (7)월 (16)일
준비물	물, 주스, 아세톤, 식용유, 식초, 비커		

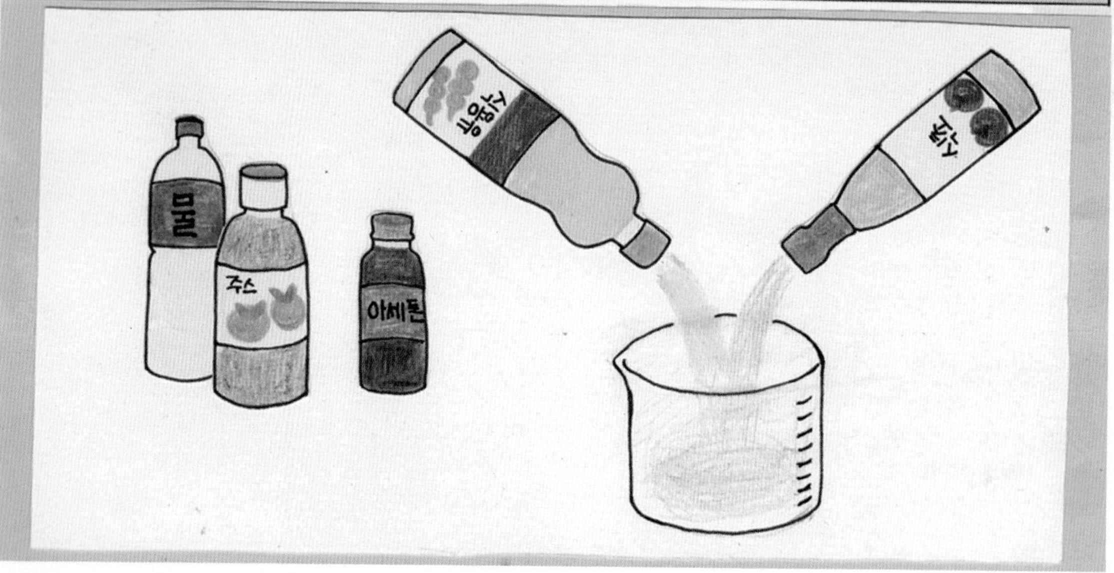

'대해'라고 쓰는 거야.

액체에 데해 실험을 했다. 물, 주스, 아세톤, 식용유, 식초를 준

'석이는'이라고 쓴단다.

비했다. 우선 액체들끼리 석이는 것을 실험해 보았다. 동생이랑 같

'맞혔다'라고 써야 해.

이 해 보면서 식용유와 식초가 섞일지 내기를 했는데 내가 맞췄다.

'끓는점'이라고 쓴단다.

다음에는 끌는점을 실험해 보기로 했다. 다음에도 내기에서 이겼으면 좋겠다.

*이 글은 초등학교 4학년 어린이가 쓴 실험 보고서입니다.

줄은 '맞추고', 답은 '맞히고'

답은 '맞추다'가 아니라 '맞히다'라고 써야 한단다.
'맞추다'는 서로 떨어져 있는 부분을 제자리에 맞게 대어서
일치하게 하는 경우에 쓰지.
'맞히다'는 '적중하다'의 의미가 있으므로
정답을 골라낸다는 뜻을 가진단다.

퍼즐 맞추기가
너무 어려워~

맞추다

- 서로 떨어진 부분을 제자리에 맞게 대어서 붙이다.
  - 예 퍼즐을 맞추고 제자리에 놓았다.
- 둘 이상의 일정한 대상들을 나란히 놓고 비교해서 살피다.
  - 예 리본의 끝을 맞추고 길이를 비교했다.

맞히다

- 답을 제대로 풀어내다.
  - 예 수수께끼의 답을 맞히다.
- 어떤 대상에 적중시키다.
  - 예 화살을 쏘아 과녁을 맞히다.

와우!
10점에 맞혔어!

10 10

1 낱말 뜻이 올바른 칸을 모두 색칠해 보고, 나온 모양을 ❶~❹에서 고르세요.

은둔이란 세상을 피해 달아나 숨는 것이다.	직유법은 직접 다른 사물에 빗대어 나타내는 비유법이다.	서술은 어떤 사실을 차례대로 말하거나 적는 것이다.
묘사는 자신의 감정을 그대로 풀어내는 것이다.	필사는 책이나 글의 내용을 그대로 베껴 쓰는 것이다.	타협이란 덩굴이 얽힌 것처럼 서로 입장과 생각이 다른 상태이다.
돌풍이란 가볍게 살랑살랑 부는 바람이다.	서사는 사실이나 사건을 시간의 흐름에 따라 쓰는 것이다.	충돌이란 막혀 있던 것을 깨뜨려 뚫고 나아간다는 뜻이다.

❶ ㅜ　　❷ ㅗ　　❸ ㅓ　　❹ ㅏ

2 왼쪽에 음뜻이 주어진 한자를 오른쪽 빈칸에 쓰세요.

3 **열기구에서 ❶~❸으로 이어진 길을 따라가면 두 글자로 된 낱말이 완성됩니다. 그 낱말을 알맞은 뜻과 이으세요.**

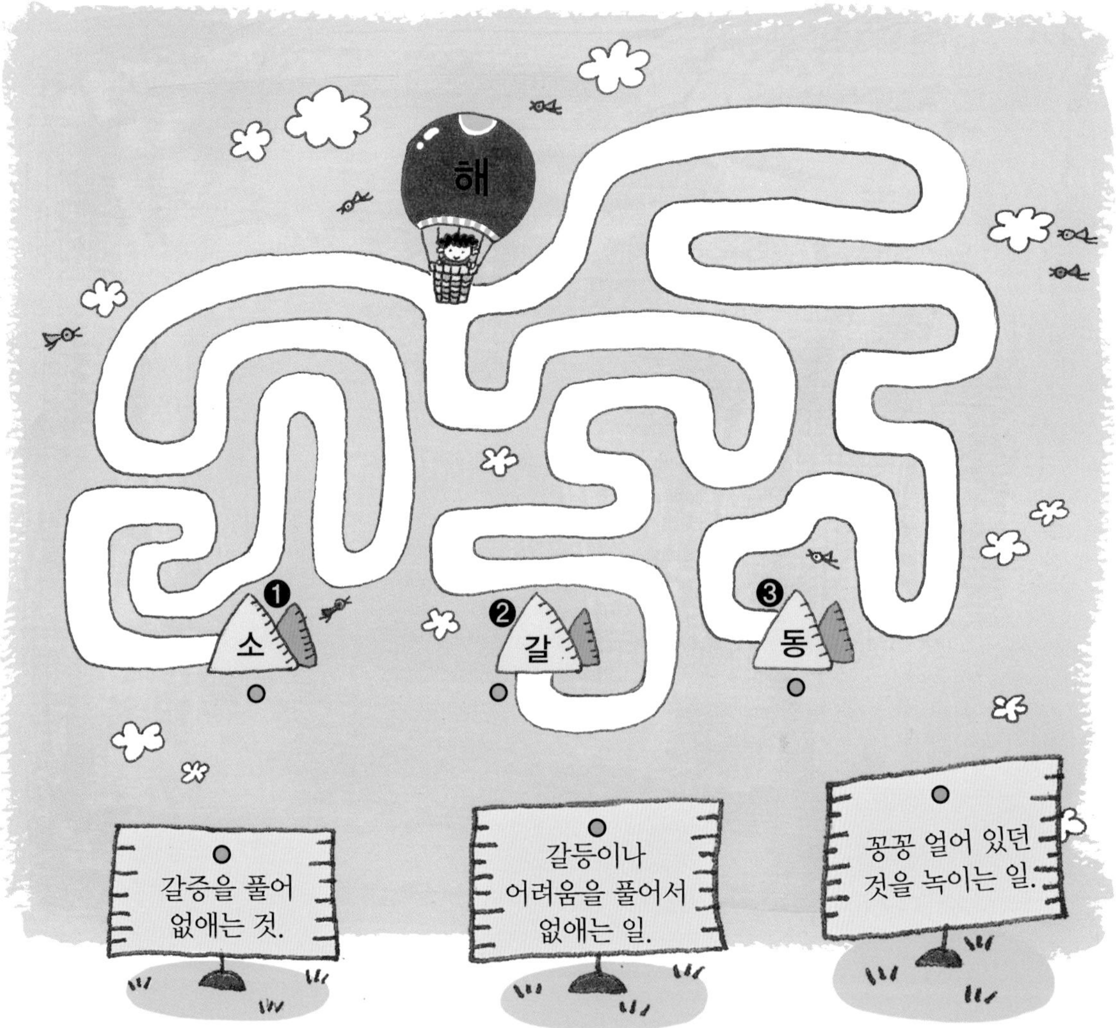

완성된 세 낱말은 해소, 해갈, 해동입니다.

4 **주어진 문장 속에서 '돌(突)'의 두 가지 뜻을 찾아 ◯ 표 하고, 빈칸에 두 가지 뜻을 쓰세요.**

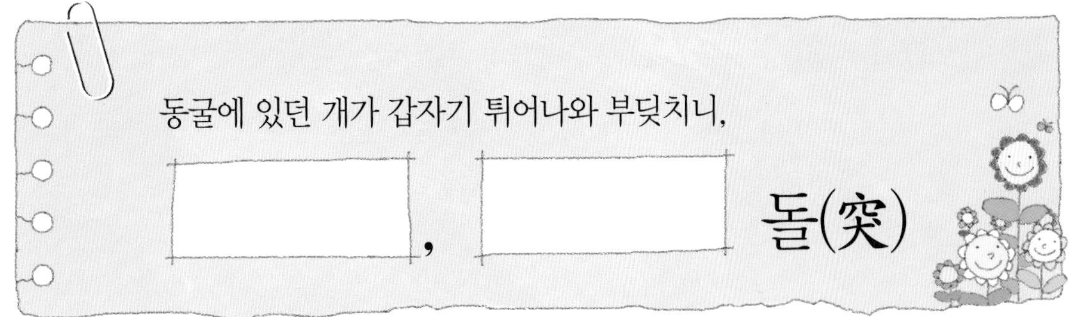

평가 문제

1 ~ 3 다음 글을 읽고 물음에 답하세요.

(가) 오늘 아침에 주차 문제로 다툼이 있었습니다. 사람들이 자신만 생각하고 다른 사람의 불편을 헤아리지 못하여 다툼이나 (　　　)이 생기는 것입니다. 문제 해결을 위해서는 대화와 타협이 필요합니다.

(나) 쓰레기 매립장 문제 때문에 도청과 주민들 사이에 (　　　)을 겪고 있습니다. 하지만 최근 도청과 주민 사이에 협상이 ㉠**타결**되면서 문제가 해결될 수 있었습니다. 이렇게 된 데에는 시민 단체의 역할이 컸습니다.

1. (가)와 (나)의 빈칸에 공통으로 들어갈 낱말을 고르세요. (　　　　)

❶ 갈증　❷ 갈등　❸ 해갈
❹ 체증　❺ 불만

2. ㉠의 뜻으로 알맞은 것을 고르세요. (　　　　)

❶ 서로 의견이 부딪침.
❷ 자기 의견만 내세움.
❸ 막힌 것을 세차게 뚫고 나감.
❹ 타협을 통해 문제를 해결함.
❺ 꽁꽁 얼어 있던 것을 녹임.

3. 〈보기〉의 뜻에 해당하는 낱말을 (가)에서 찾아 두 글자로 쓰세요.

〈보기〉 서로에게 온당하게 조금씩 양보하고 고쳐 맞춤.

(　　　　　　　　　)

4 ~ 6 주어진 문장에 알맞은 표현 방법을 찾아 선으로 이으세요.

4. 아기의 손은 단풍잎 같다. •　　　　• 의인법

5. 길가의 나무들도 기분이 좋은지 웃고 있다. •　　　　• 직유법

6. 너는 바람이다. •　　　　• 은유법

7~8 다음 글을 읽고 물음에 답하세요.

(가) 〈피터와 늑대〉는 프로코피예프가 어린이를 위하여 피터와 늑대에 대한 재미있는 이야기를 음악으로 만든 곡입니다. 이야기에 등장하는 사람과 동물들이 오케스트라의 악기로 ㉠묘사됩니다.

(나) 서정시는 음악과 통하는 면이 많다. 느낌과 감정을 가락과 화음으로 나타낸 것이 음악이라면, 말과 글로 나타낸 것은 서정시이기 때문이다. '슬픈 노래'라고 하는 것은 그 가락이나 곡조가 슬프기도 하지만, 슬픔을 표현한 서정시를 가사로 썼기 때문이기도 하다.

7. ㉠의 뜻으로 바른 것을 고르세요. (　　　　)

❶ 글의 내용을 똑같이 베껴 씀.
❷ 그림을 그리듯이 똑같이 그려 냄.
❸ 시간의 흐름에 따라 이야기함.
❹ 느낌이나 감정을 말과 글로 나타냄.
❺ 어떤 사실을 차례대로 말하거나 적음.

8. 〈보기〉의 뜻을 가진 낱말을 위 글에서 찾아 세 글자로 쓰세요.

〈보기〉 개인의 느낌이나 감정을 표현한 시.

(　　　　　　　　　　)

9~10 빈칸에 들어갈 말을 〈보기〉에서 찾아 쓰세요.

〈보기〉 필사, 비유

9. 최근 조선 시대의 불경을 (　　　)한 글이 화제가 되고 있습니다.

10. 글쓰기는 농사에 (　　　)할 수 있습니다. 곡식이 잘 자라려면 잡초를 뽑아내야 하듯이, 글에서도 군더더기와 잘못된 표현을 고치고 바로잡아야 좋은 글이 될 수 있습니다.

너는 비전이 보이니?

비전vision이라는 말, 예전에 배웠는데 혹시 기억나는 사람?
힌트는 텔레비전television이야! 이제 기억나지?
'멀리 떨어져서'라는 뜻의 텔레tele-에 '보이는 것'이라는
뜻의 비전vision이 합해져서 텔레비전television이 되었다고 했었지.

이런 질문을 받을 때가 있어.
"너의 비전은 뭐니?"라고 말이야.
이 문장에 쓰인 '비전'도 같은 의미일까?
엄격히 말하면 여기에서의 비전vision은 단순히 보이는 것이 아니라
장래 희망, 이상, 전망이라는 의미야.
'보이는 것'이라는 뜻의 비전vision이 '내다보이는 미래, 장래 희망'으로
좀 더 의미가 확장된 거지.

비전[vision] 속의 **vis-**는 '본다'라는 뜻이야.
단어 속에 **vis-**가 들어 있으면 '본다'라는 의미가 포함되어 있을 거라고 짐작할 수 있지.

자, 그럼 **vis-**가 들어간 단어를 보고 그 뜻을 추측해 보자.

visitor

비지터[visitor]는 '보다[vis-] + 가다[-it] + ~하는 사람[-or]'이 합쳐진 말이야. 보러 가는 사람, 즉 '방문객'이란 뜻이지. 방문하는 사람은 누군가를 보러 가는 사람이잖아?

visa

비자[visa]는 외국에 들어가거나 나올 때 보여 줘야 하는 '허가증'이야. 유학이나 이민을 갈 때는 반드시 필요하지만 관광 비자는 나라에 따라서 요구하지 않기도 해.

vista

비스타[vista]는 처음 들어 보니? '멀리 내다보이는 멋진 경치' 또는 '전망이 좋은 장소'를 말해. 관광지에 가면 쉽게 볼 수 있는 단어니까 뜻을 잘 알아 두면 좋겠지!

visual

비주얼[visual]이란 말은 '시각의, 눈에 보이는'이라는 뜻이야. 그림이나 사진 등의 이미지나 기호만을 이용해서 만든 디자인을 비주얼 디자인이라고 해.

콕콕 정답

제1일차

05쪽 1. 참견 2. 타협 3. 좌절
4. 주범 5. 갈등 6. 해소
06쪽 ❶ 갈등 ❷ 충돌
07쪽 ❶ 돌풍 ❷ 돌진 ❸ 돌발
08쪽 ❶ 동굴 ❷ 개 ❸ 돌

09쪽

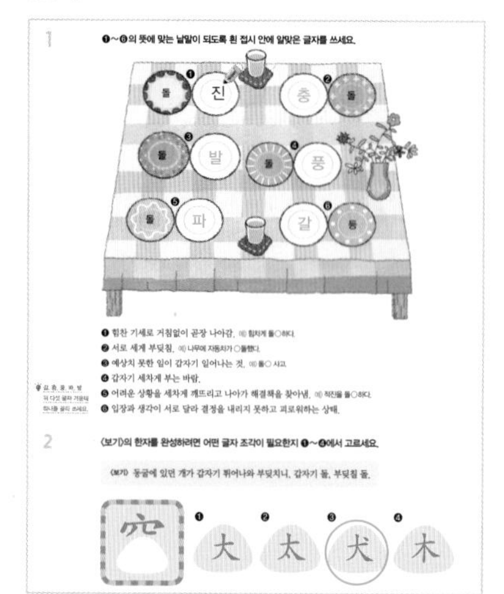

제2일차

10쪽 ❶ 타협 ❷ 타결 ❸ 타당
11쪽 ❶ 해소 ❷ 해갈 ❸ 해동
12쪽 ❶ 손톱 ❷ 여자 ❸ 타

13쪽

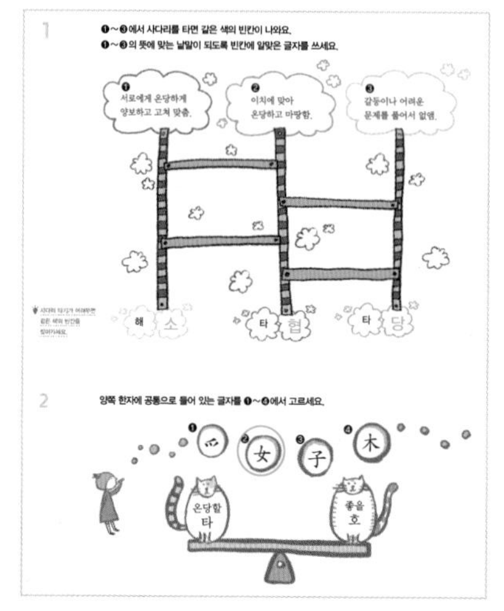

제3일차

17쪽 1. 고뇌 2. 강인 3. 묘사
4. 인내심 5. 비유 6. 불후
18쪽 ❶ 묘사 ❷ 필사
19쪽 ❶ 서술 ❷ 서사 ❸ 서정
20쪽 ❶ 내 ❷ 치면 ❸ 서

21쪽

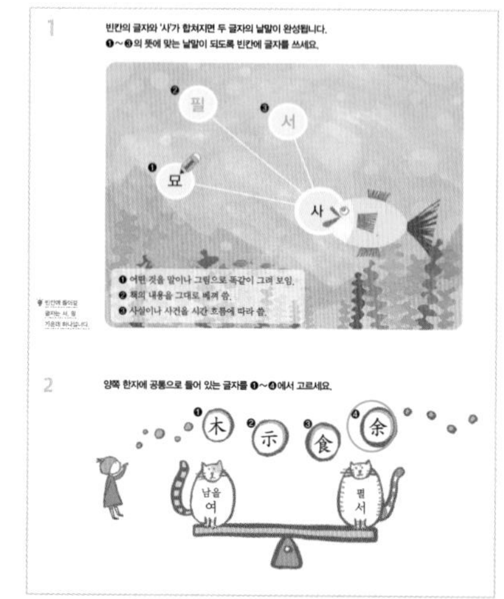

제4일차

22쪽 ❶ × ❷ ○ ❸ ×
23쪽 ❶ 의 ❷ 은
24쪽 ❶ 언덕 ❷ 손톱 ❸ 만들고
❹ 손 ❺ 마음 ❻ 은

25쪽

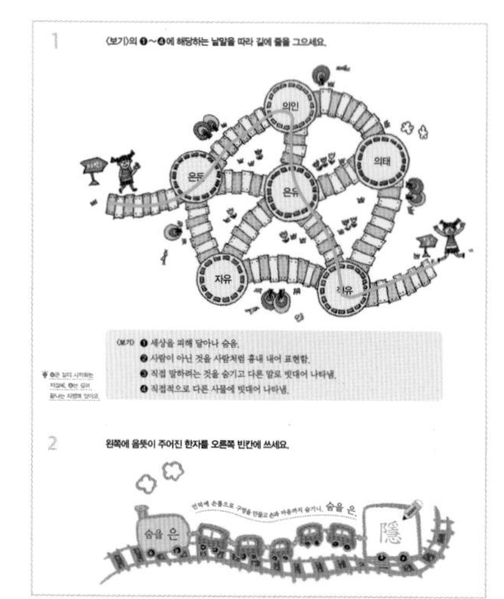

제5일차

도전! 어휘왕
28-29쪽

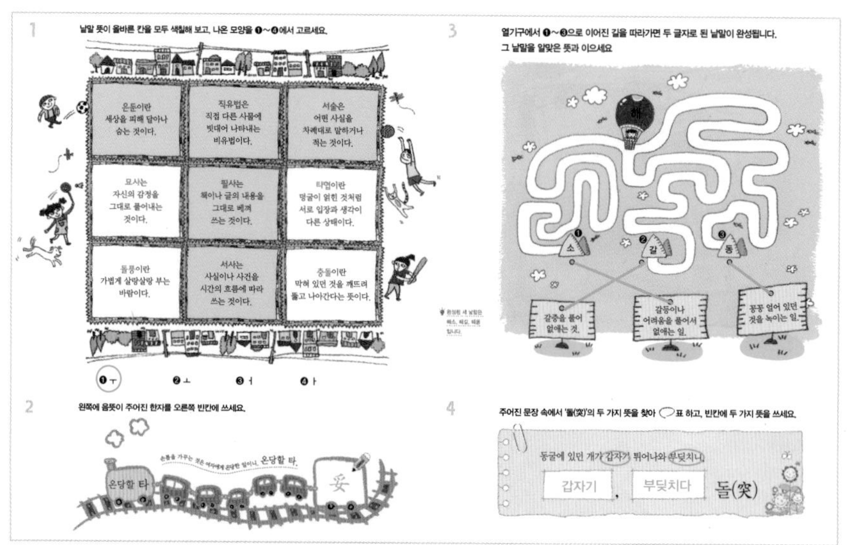

평가 문제
30-31쪽 1. ❷ 2. ❹ 3. 타협 4. 직유법 5. 의인법 6. 은유법
7. ❷ 8. 서정시 9. 필사 10. 비유

갈등을 해결하는 법률 용어

갈등이 생겼을 때 제일 좋은 해결 방법은 대화와 타협이야.
하지만 그럼에도 문제가 해결되지 않을 땐 법과 재판이 필요해.
재판은 제3자가 양쪽의 말을 듣고, 법에 근거해서 잘잘못을
가려 주는 일이지. 재판과 법에 관련된 용어들은 뭐가 있을까?

소송(訴訟)	법률에 따라 잘잘못을 가려 판결해 달라고 법원에 청구하는 일이야.
재판(裁判)	소송 사건에 대해 법원이나 법관은 양쪽의 주장을 듣고 그 사건의 옳고 그름을 판단하여 판결하는데, 이 과정과 절차를 재판이라고 해.
심판(審判)	범죄에 대해 피의자의 유죄 여부와 형량을 가리는 일을 심판한다고 말해.
법정(法廷)	재판이 이루어지는 장소를 말해.
민사(民事)	개인들 사이에서 일어난 다툼을 법적으로 다루는 일이야. 민사 소송, 민사 재판 등이 있어.
형사(刑事)	범죄를 수사하고 범인을 체포하는 일이야. 범죄를 저질렀다고 의심받는 사람은 형사 사건의 피의자(被疑者)가 되어 재판을 받게 돼.
형량(刑量)	죄인에게 주는 형벌의 종류와 그 기간을 말해.
고소(告訴)	손해를 입었다고 생각하는 사람은 경찰이나 법률 기관에 사실을 알리고, 해를 끼친 사람을 처벌해 달라고 요구하지. 이것을 고소라고 해.
기소(起訴)	형사 사건에서는 검사가 법원에 심판을 요청한단다. 이것을 기소한다고 해.
기각(棄却)	높은 기관이나 사람에게 올린 요청이나 안건이 받아들여지지 않는 일이야. 법원에 제기한 소송이나 검사의 기소 역시 법에 비추어 적절하지 않다고 판단되면 기각될 수 있어.
피소(被訴)	고소를 당하는 일이야.
원고(原告)	법원에 소송을 제기한 사람을 가리키는 말이야.
피고(被告)	소송을 당한 사람이야. 형사 사건에서는 '피의자'가 피고가 돼.
상소(上訴)	법원에서 내린 판결에 따르지 않고, 상급 법원에 다시 판결해 줄 것을 요청하는 일이야.

마법의 상위권 어휘 스스로 평가표

01

다음 네 낱말 중 뜻을 자신 있게 말할 수 있는 낱말은 ○표, 알쏭달쏭한 낱말은 △표, 자신 없는 낱말은 ×표 하세요.

갈등 (　　) | 타협 (　　) | 묘사 (　　) | 비유 (　　)

02

다음 네 한자 중 음과 뜻을 자신 있게 말할 수 있는 것은 ○표, 알쏭달쏭한 것은 △표, 자신 없는 것은 ×표 하세요.

突 (　　) | 妥 (　　) | 敍 (　　) | 隱 (　　)

03

〈평가 문제〉를 모두 풀고 정답을 확인해 보세요. 10문항 중 내가 맞힌 문항 수는 몇 개인가요?

❶ 9-10 문항 (　　) | ❷ 7-8 문항 (　　) | ❸ 3-4 문항 (　　) | ❹ 1-2 문항 (　　)

| 부모님과 선생님께 |

위에서 어린이가 스스로 적은 내용을 보고, 어린이가 어려워하는 부분을 함께 보면서
어휘의 뜻과 쓰임을 이해할 수 있도록 해 주세요.

초등 5-2 단계

스토리텔링식 신교과서 학습을 위한

마법의 상위권 어휘

제 2 호

어휘가
쑥쑥 자라요.

부모님과 선생님께서는 이렇게 지도해 주세요

제 1 일차	제 2 일차	제 3 일차	제 4 일차	제 5 일차
토란에 관한 이야기를 읽고, 대표 어휘 '번식'의 뜻과 한자 '繁'을 익힙니다. '생장점'에서 확장된 여러 낱말의 뜻을 스스로 추론해 보도록 지도해 주세요.	대표 어휘 '번식'의 뜻과 한자 '繁'을 익히고, 관계있는 낱말도 함께 익힙니다. 다지기 문제를 풀어 보고, '설레발'이란 낱말의 뜻과 쓰임도 익히도록 해 주세요.	눈꽃 축제에 간 이야기를 읽고, 대표 어휘 '결정'의 뜻과 한자 '結'을 익힙니다. '결정'에서 확장된 여러 낱말의 뜻을 스스로 추론해 보도록 지도해 주세요.	대표 어휘 '고랭지'의 뜻과 한자 '高'를 익히고, 관계있는 낱말도 함께 익힙니다. 다지기 문제를 풀어 보고, '가리키다'와 '가르치다'를 구별하여 쓰도록 해 주세요.	재미있는 게임 문제와 학교 시험 유형의 평가 문제를 풀며 어휘 실력을 다집니다. '실로폰(xylophone)'과 구성 원리가 비슷한 영단어들도 함께 익히도록 해 주세요.

이런 내용을 배워요!

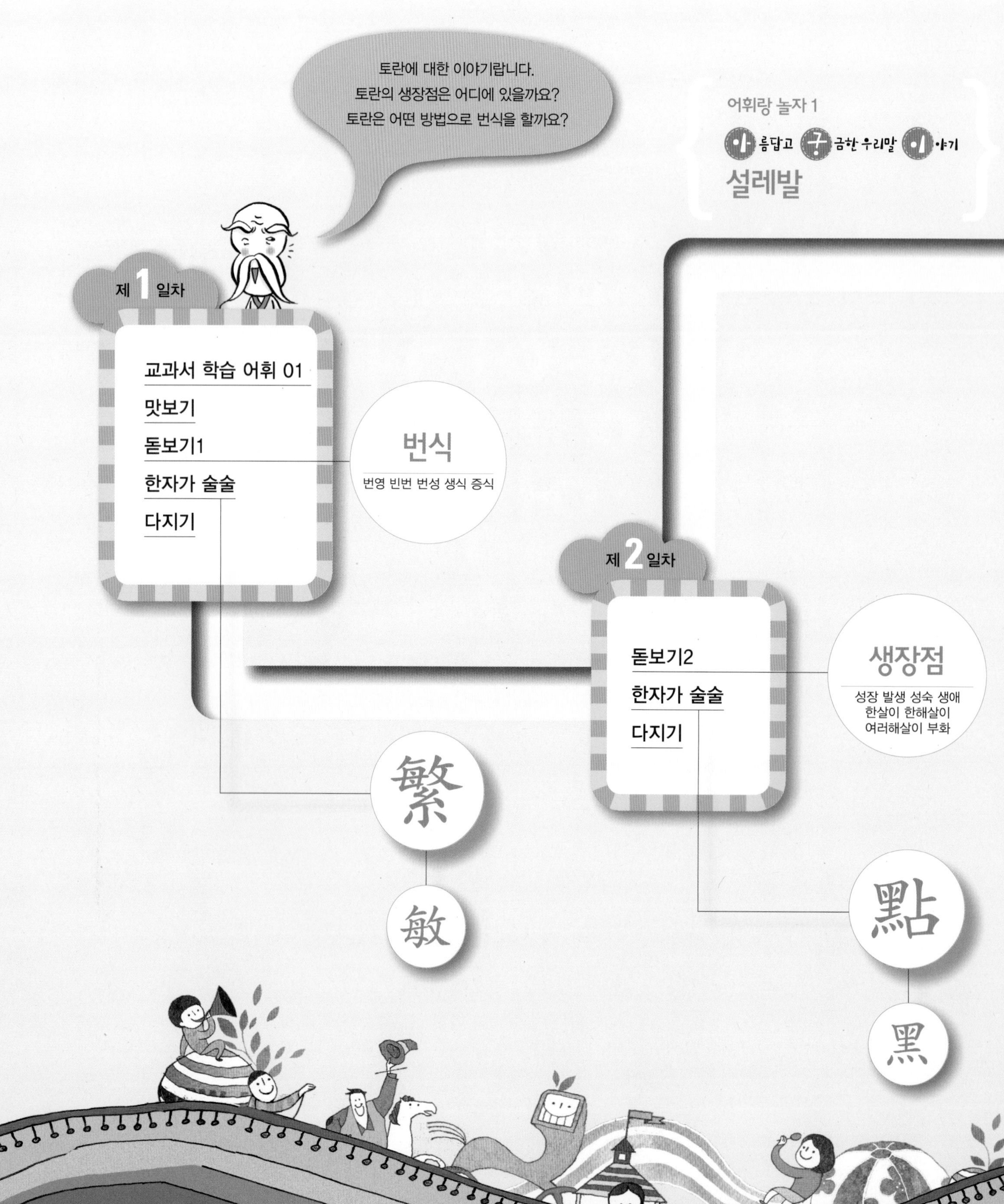
토란에 대한 이야기랍니다.
토란의 생장점은 어디에 있을까요?
토란은 어떤 방법으로 번식을 할까요?
어휘랑 놀자 1
아름답고 궁금한 우리말 이야기
설레발
제 1 일차
교과서 학습 어휘 01
맛보기
돋보기1
한자가 술술
다지기
번식
번영 빈번 번성 생식 증식
繁
敏
제 2 일차
돋보기2
한자가 술술
다지기
생장점
성장 발생 성숙 생애
한살이 한해살이
여러해살이 부화
點
黑

대관령 눈꽃 축제를 찾아가는 친구의 이야기예요.
친구는 신나게 놀고 싶은데, 아빠는 눈의 결정과
고랭지에 대해서만 이야기하세요.

제 3 일차

교과서 학습 어휘 02

맛보기

돋보기1

한자가 술술

다지기

결정

결빙 응결 단결 결실
결연 결성

結

終

고랭지

고위 평탄면 고원 고성능
고함 고가

제 4 일차

돋보기2

한자가 술술

다지기

高

低

어휘랑 놀자 3

외래어로 배우는 워(word)드라고요!

실로폰(xylophone)

제 5 일차

도전! 어휘왕

평가 문제

어휘랑 놀자 2

비슷해서 틀리기 쉬운 말 비교해서 틀리지 말자

친구들은 '가리키고', 공부는 '가르치고'

◑ **글 속의 주황색 낱말들은 무슨 뜻일까요? 잘 생각하면서 다음 글을 읽어 보세요.**

철이네 엄마인 나줄기 여사는 식물에 대해 모르는 것이 없습니다.
오늘도 엄마는 철이를 데리고 한뿌리 아저씨네 야채 가게로 갑니다.
근사한 저녁을 만들어 주시겠다며 말이에요. 저녁 식탁의 주제는 '토란과 함께'라나요?
"토란은 땅속에 있지만 실제는 줄기야.
땅속으로 줄기가 자라는 식물이거든. 줄기에 양분을 저장해서 번식을 하지.
연근이랑 감자도 줄기에 양분을 저장해."
"그럼 이 고구마와 무는요? 이것들도 줄기인가요?"
"아니야. 고구마, 무, 당근은 양분을 뿌리에 저장한단다. 그러니 뿌리를 먹지."
이 말을 듣고 철이는 과학 책에서 본 내용이 생각나서 여쭈어 봅니다.
"그럼 토란도 다른 식물의 줄기처럼 생장점과 형성층이 있나요?"
이때 한뿌리 아저씨가 기특한 듯 웃으며 말씀하십니다.
"생장점은 뿌리와 줄기가 길어지게 하고, 형성층은 줄기를 굵어지게 한단다.
형성층은 쌍떡잎식물의 줄기에만 있지. 토란은 외떡잎식물이라서 형성층이 없어.
감자는 쌍떡잎식물이라서 형성층이 있단다."
한뿌리 아저씨가 명쾌하게 정리를 해 주셨어요.
"아, 그래요? 엄마, 그럼 다음번 식탁의 주제는 '감자와 함께'로 해 주세요."
철이의 말에 모두들 웃었습니다.

◑ 빈칸에 알맞은 낱말을 왼쪽 글의 주황색 낱말 중에서 찾아 써 보세요.
잘 모를 땐 💡를 보거나, ❶~❸에서 골라 쓰세요.

1 토란, 연근, 감자는 줄기에 양 분 을 저장하는 식물이에요.

💡 영양이 되는 성분을 줄인 말이에요.

❶ 흥분 ❷ 화분 ❸ 양분

2 썩 괜찮아서 좋아 보이는 물건을 '　　　한 물건'이라고 해요.

💡 '거의 같다'는 뜻과 '그럴듯하게 괜찮아서 꽤 좋다'는 두 가지 뜻을 가진 말이에요.

❶ 발사 ❷ 근사 ❸ 생사

3 새끼를 많이 낳으면　　　력이 좋다고 해요.

💡 살아 있는 생물이 자신과 똑같은 것을 만들어 널리 퍼뜨리는 것을 말해요.

❶ 잡식 ❷ 번식 ❸ 지식

4　　　은 식물의 뿌리와 줄기를 자라게 해요.

💡 식물에만 있는 거예요. 뿌리와 줄기의 길이는 이것 덕분에 자라날 수 있어요.

❶ 편의점 ❷ 생장점 ❸ 양복점

5 식물의 줄기를 굵게 만드는　　　은 쌍떡잎식물에만 있어요.

💡 감자는 쌍떡잎식물이라 이것이 있고, 토란은 외떡잎식물이라 이것이 없어요.

❶ 지방층 ❷ 초고층 ❸ 형성층

6 궁금할 때　　　한 대답을 들으면 의문이 풀려 기분이 상쾌하지요.

💡 말이나 글을 조리 있게 해서 분명하고 이해하기 쉽다는 뜻이에요.

❶ 명태 ❷ 명의 ❸ 명쾌

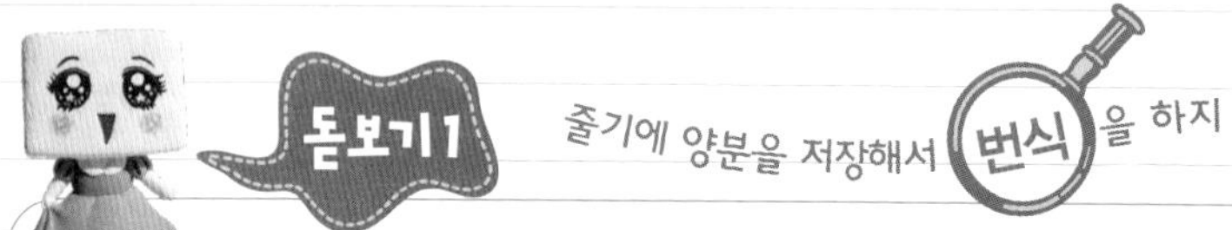

여자와 남자는 결혼해서 아이를 낳아. 개는 강아지를 낳고, 소는 송아지를 낳지.
새와 물고기는 알을 낳고, 식물은 열매를 맺어 씨앗을 퍼뜨려.
누가 그렇게 하라고 시키지도 않았는데 말이지.
동물이든 식물이든 살아 있는 모든 생명체는 자신과 똑같은 것을 만들어 내려는 본능을 가지고 있단다. 이렇게 자신과 똑같은 생명체의 수를 늘리고 퍼뜨리는 현상을 '번식'이라고 해.

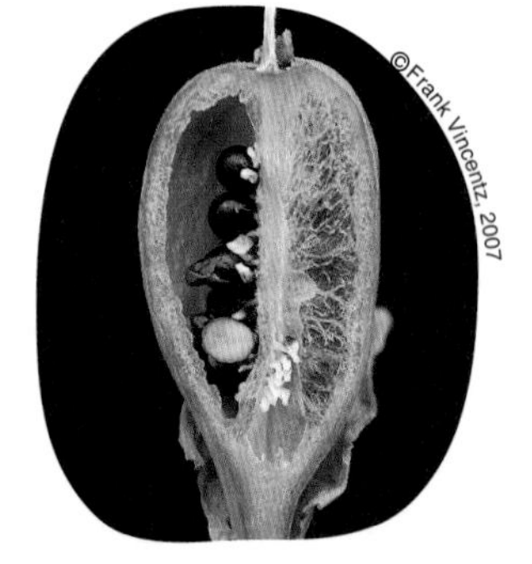

낱 많이【繁】 번성함【殖】.
교 생물의 수가 불고 늘어서 널리 퍼지는 것.
예 바퀴벌레는 놀라운 속도로 번식한다.

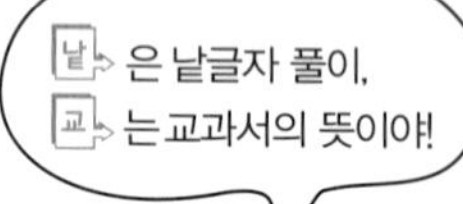

번식이란 생물이 자신과 같은 생물의 수를 많이 늘리는 거야.
즉 하나가 두 개, 두 개가 네 개, 네 개가 여덟 개가 되는 거지.
번(繁)은 많다는 뜻이야. '번(繁)'이 쓰인 다른 말들을 살펴볼까?

낱 교 일이 번성【繁】하고 영화【榮】롭게 됨.

'번영'은 나라나 단체가 잘되어 나간다는 뜻이야.

예 옛사람들은 가문의 번영을 중요하게 생각했다.

낱 교 어떤 일이 자주【頻】 많이【繁】 일어남.

'빈번'은 어떤 일이 일어나는 횟수가 번거로울 정도로 잦다는 뜻이야.

예 학교 앞 건널목은 교통사고가 빈번하다.

낱 교 무성【盛】하게 많아짐【繁】.

'번성'은 자손이 아주 많이 늘어나는 것이야. 식물이라면 나무나 풀이 무성해지는 것을 말하지.

예 온 산에 나무가 번성하여 발 디딜 틈도 없었다.

빈칸에 알맞은 낱말을 〈보기〉에서 골라 써 보세요.

〈보기〉 번식, 빈번

- 좋은 품종의 돼지를 ❶ ( ) 시키기 위해 여러 가지 노력을 기울였다.
- 교통사고가 ❷ ( ) 하게 일어나는 지역은 도로에 사고 방지턱을 설치해야 한다.

수를 많이 늘리려면 우선 자식을 만들어야 해.
동물은 새끼나 알을, 식물은 종자를 만들지.
이렇게 자기와 같거나 비슷한 자손을 낳아
그 수가 불어나는 것을 '생식'이라고 한단다.

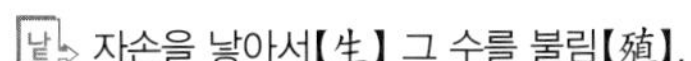

낱 자손을 낳아서【生】 그 수를 불림【殖】.
교 생물이 자신과 같은 개체를 만드는 일.
예 꽃은 식물의 생식 기관으로 종자를 만들어 번식한다.

생물의 번식 방법은 제각각이야. 또 그 속도도 저마다 다르지.
그런데 생물 중에는 번식 속도가 매우 빠른 것들이 있어.
예를 들면, 암세포는 몸속에서 아주 빨리 불어나거든.
이렇게 수가 빠른 속도로 불어나는 것을 '증식'이라고 해.

낱 점점 더【增】 번성함【殖】.
교 생물체의 수가 급속하게 늘어남.
예 마늘과 양파는 암세포의 증식을 막아 주는 성분이 있다.

번식, 생식, 증식이 몹시 헷갈린다고? 그럼 명쾌하게 정리해 주지!

빈칸에 알맞은 낱말을 〈보기〉에서 골라 써 보세요.

〈보기〉 증식, 생식

- ❶ (   ) 은 생물이 종족을 보존하기 위해 자식을 만들어 내는 일을 말한다.
- 암세포의 ❷ (   ) 을 막아 암이 퍼져 나가지 않도록 하는 치료가 중요하다.

한자의 뜻과 유래에 대한 설명을 읽고, 한자를 익혀 보세요.

繁

준3급

많을 번

총 17획 | 부수糸, 11획

옛날 옛적에 콩쥐가 마음 나쁜 할머니와 함께 살았어.
할머니는 천을 짜서 팔면 돈을 벌 수 있다는 것을 알고,
콩쥐에게 매일 새벽부터 밤까지 물레질을 시켰어.
쉬지 않고 돌아가는 물레에선 실이 수북하게 쏟아져 나왔을 거야.
물레를 매일【每】 손으로 치고 두드려【攵】 뽑아내는 실【糸】이 많아지는 모습,
이것이 '많을 번(繁)'이란다.

한자 암기카드

매일【每】 치고 두드려【攵】 뽑는 실【糸】이 많아지니, **많을 번.**

每 + 攵 + 糸 = 繁

매일 매 / 칠 복 / 실 사 / 많을 번

敏

3급

민첩할 민

총 11획 | 부수 攵, 7획

매일【每】 치고 두드려【攵】 민첩해지니, 민첩할 민(敏).
항상 매(每)와 칠 복(攵)을 합치면 민첩할 민(敏)이야.
'민첩'은 옛날 노예를 부릴 때 매일 치고 때려서
일을 강제로 시켰던 것에서 유래한 낱말이지.

낱 민첩하고【敏】 재빠름【捷】.

예 그는 민첩하게 일을 처리했다.

'한자 암기카드'를 보고 빈칸에 들어갈 말을 써 보세요.

❶ ______【每】 치고 ❷ ________【攵】 뽑는 ❸ ___【糸】이 많아지니, 많을 번(繁).

繁의 뜻은 많다 이고, 음은 ❹ ___ 입니다.

繁의 어원을 생각하면서 필순에 따라 써 보세요.

繁 繁 繁 繁 繁 繁 繁 繁 繁 繁 繁 繁 繁 繁 繁 繁 繁

繁	繁	繁	繁	繁			

1 돌담 안에 든 낱말 가운데 ❶~❸의 뜻에 맞는 낱말을 찾아 ◯로 묶고, 빈칸에 낱말을 쓰세요.

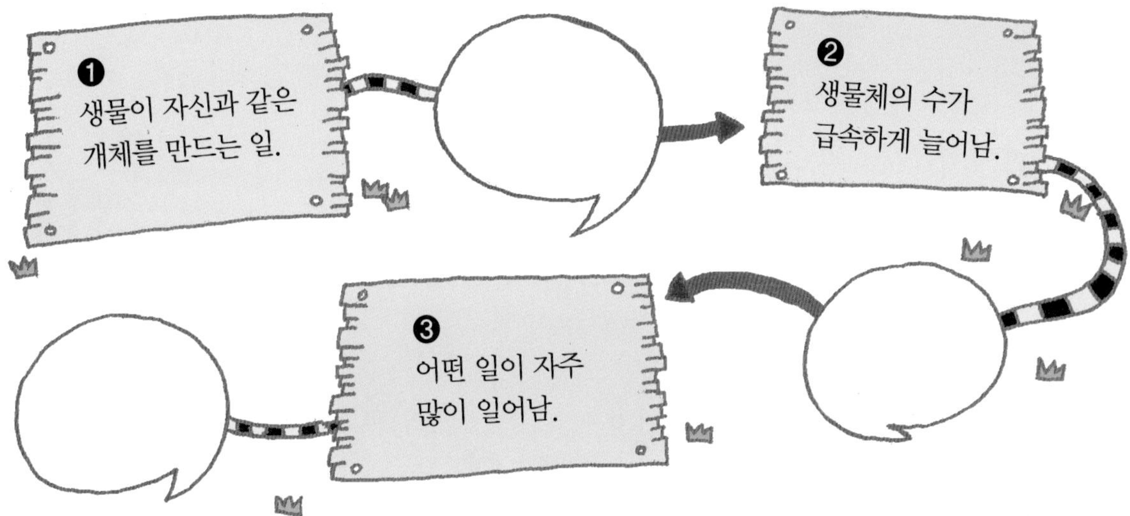

나란히 붙어 있는 두 글자로 된 낱말이에요.

2 ❶~❷의 빈칸에 주어진 음뜻의 한자를 쓰세요.

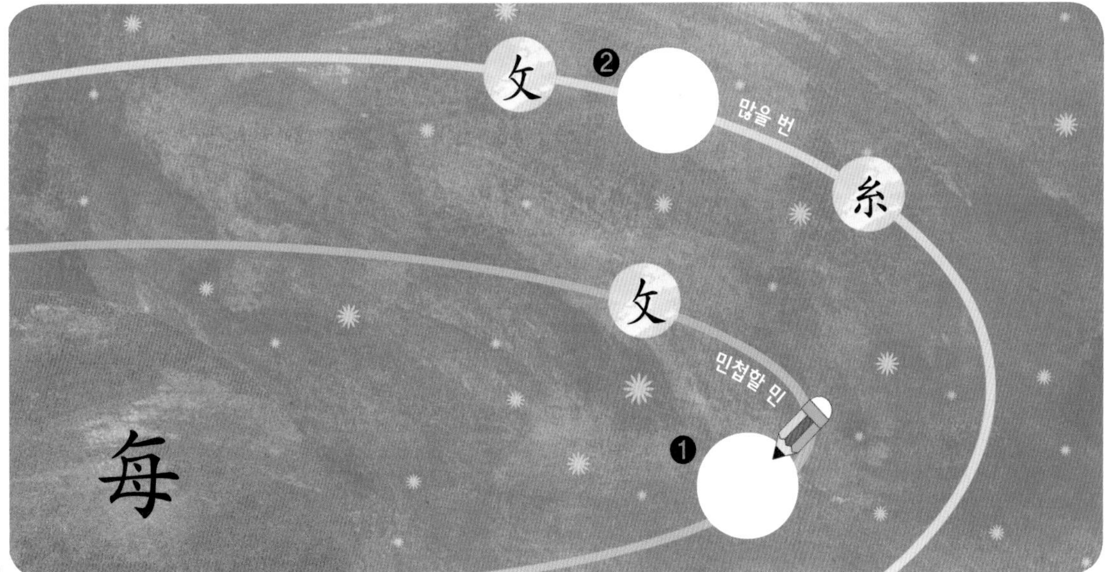

빨간 별과 노란 별에 쓰인 글자를 합치면 한자 모양을 알 수 있어요.

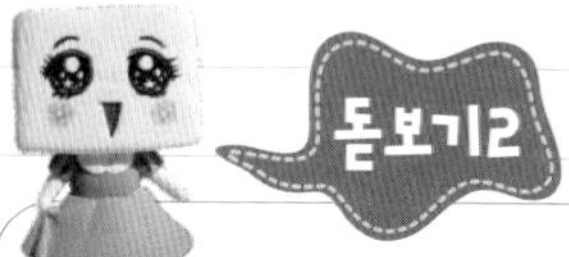

토란도 다른 식물의 줄기처럼 과 형성층이 있나요?

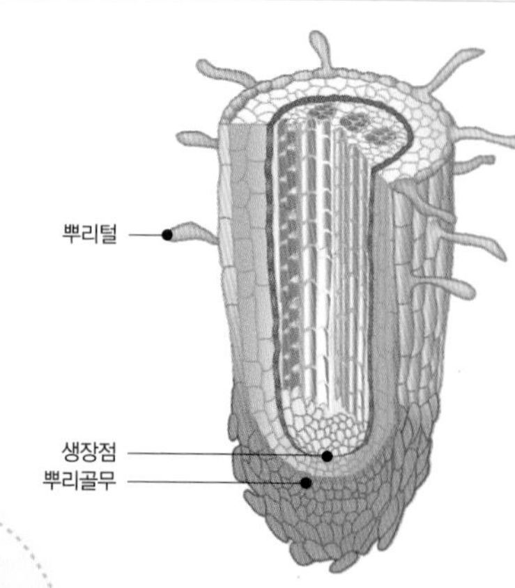

뿌리의 단면.

모든 식물은 줄기와 뿌리의 끝에 '생장점(生長點)'이 있어.
'생장(生長)'이란 '나고 자란다'는 뜻이야. 생장점에서는 세포가 쪼개져서 새로운 세포가 생겨나고【生】, 이 세포들이 빠르게 자란단다【長】. 이 과정을 통해 뿌리와 줄기의 길이가 쑥쑥 자라게 되는 거야.
그래서 생장점은 식물의 길이가 자라게 하는 역할을 하지.

낱 나서【生】 자라는【長】 지점【點】.

교 식물의 뿌리와 줄기에 있는 것으로 세포들이 빠르게 자라는 지점.

예 생장점 끝을 골무처럼 생긴 뿌리골무가 싸서 보호하고 있다.

생장은 '나서 자라는 일'이고, 성장은 '자라서 어떤 모습을 이루는 일'이란다. 어린이는 어른으로 성장하는 거지. 식물의 생장점에서는 세포가 나서 자라는 '생장'이 일어나지만, 땅 위의 잎과 줄기는 쑥쑥 자라 '성장'하는 거란다.
나서 자라는 일과 관계있는 다른 낱말을 좀 더 알아보자.

낱 자라서【長】 커짐【成】.

교 사람이나 동식물이 자라서 커지는 것.

낱 교 처음 일어나고【發】 생겨남【生】.

'발생'은 어떤 일이나 사물이 처음 생겨나는 일이야. 최초로 시작되는 것을 가리키지.

예 화재 발생, 사건 발생.

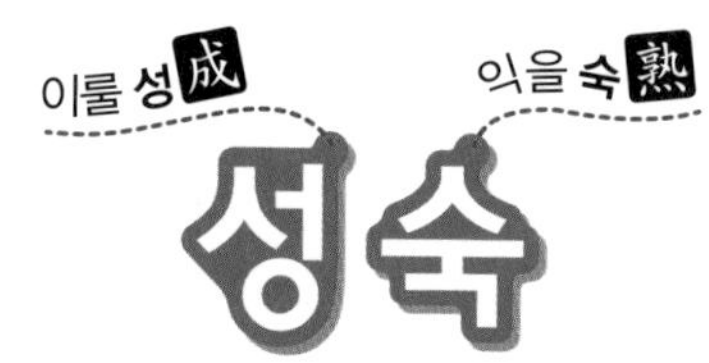

낱 교 다 자라【成】 무르익음【熟】.

식물은 열매를 맺고, 동물은 알이나 새끼를 낳을 만큼 자라난 것을 '성숙'이라고 해.

예 그 아이는 나이에 비해 성숙해 보인다.

낱 교 삶【生】이 끝날 때【涯】까지의 기간.

애(涯)는 물가, 끝이라는 뜻이야. 그러니 '생애'는 삶이 시작되어 끝나는 지점까지라는 뜻이지.

예 위인들의 생애는 우리에게 교훈을 준다.

빈칸에 알맞은 낱말을 〈보기〉에서 골라 써 보세요.

〈보기〉 생장, 성장, 생애

- 식물의 ❶ (　　) 점은 뿌리와 줄기의 길이를 자라게 해 준다.
- 어린이가 ❷ (　　) 해서 어른이 된다.
- 오늘은 내 ❸ (　　) 최고의 날로 기억될 것이다.

생명체가 태어나서 죽을 때까지 살아 있는 동안을 '한살이'라고 해.
식물의 한살이는 씨앗에서 싹이 터 자라고, 꽃을 피우고 열매를 맺어 다시 씨앗을 만드는 과정이란다.
동물의 한살이는 태어나서 자라 어른이 되어 새끼를 낳을 때까지야.
식물과 동물의 한살이를 다음 그림을 보며 좀 더 알아보자.

한살이

교 식물이나 동물이 나고 자라서 열매를 맺거나 새끼를 낳아 자신과 똑같은 생명체를 만들어 내고 죽는 과정.

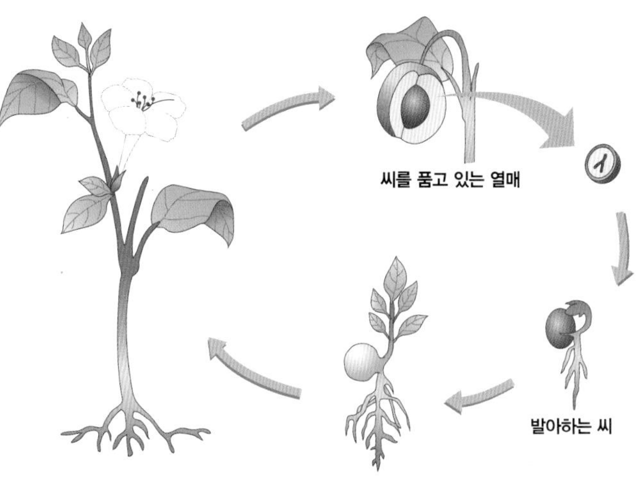

봄에 심은 벼는 가을에 벼 이삭이란 열매를 남기고 죽지.
벼의 한살이는 단 한 해 만에 끝나는 거야.
이런 식물을 '한해살이' 식물이라고 해.

한해살이

교 한 해 동안만 이루어지는 한살이.
예 대부분의 풀은 한해살이 식물이다.

나무는 잎과 줄기가 말라도 이듬해 봄에 다시 꽃을 피우지.
이들의 한살이는 여러 해에 걸쳐 계속된단다.
그래서 '여러해살이' 식물이라고 해.

여러해살이

교 여러 해 동안 거듭해서 이루어지는 한살이.
예 나무들은 대부분 여러해살이 식물이다.

개구리처럼 알에서 태어나는 동물들의 한살이는 알에서 시작된단다.
알을 깨고 나온 올챙이는 점점 꼬리가 짧아지다가 어른 개구리가 되지.
새끼가 알 껍질을 깨뜨리고 나오는 것을 '부화'라고 해.

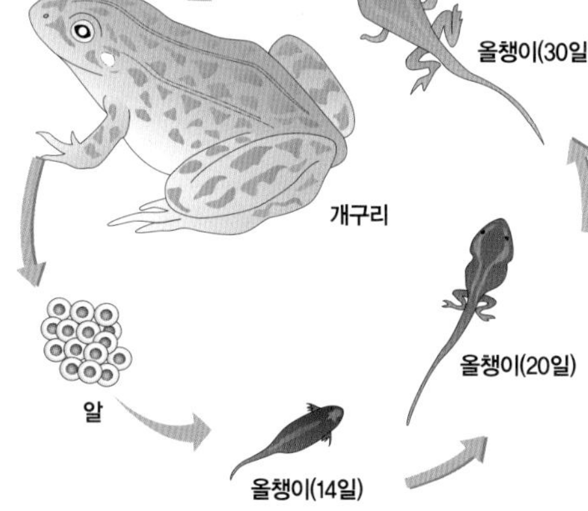

알 깔 부 孵 될 화 化

부화

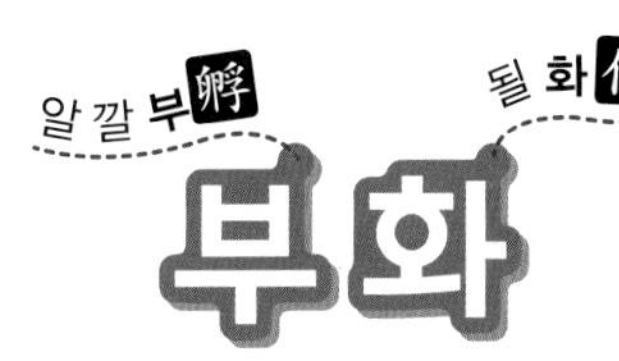

낱 교 알에서 껍질을 깨고【孵】 나오는【化】 일.
예 달걀이 부화하려면 3주 정도 걸린다.

빈칸에 알맞은 낱말을 〈보기〉에서 골라 써 보세요.

〈보기〉 부화, 한살이, 한해살이, 여러해살이

- 생명체가 태어나서 죽을 때까지 살아 있는 동안을 ❶ ______ 라고 한다. 식물의 한살이는 한 해 동안만 이루어지는 ❷ ______ 와 여러 해 동안 거듭 이루어지는 ❸ ______ 가 있다.
- 동물의 알 속에서 새끼가 껍질을 깨고 나오는 것을 ❹ ______ 라고 한다.

한자의 뜻과 유래에 대한 설명을 읽고, 한자를 익혀 보세요.

點

4급

점 점

총 17획 | 부수 黑, 5획

옛날에는 동물의 뼈를 가지고 점을 쳤단다.
동물의 뼈나 거북의 등딱지를 불에 달군 도구로 지지면
점 모양으로 구멍이 뚫리면서 뼈가 갈라지고 깨지지.
그러면 깨진 모양을 보고 점을 쳤다고 해.
이렇게 뼈를 불에 검게【黑】 그을려 점【占】을 치면
점이 많이 생겨나는 것, 이것이 바로 '점 점(點)'인 거야.

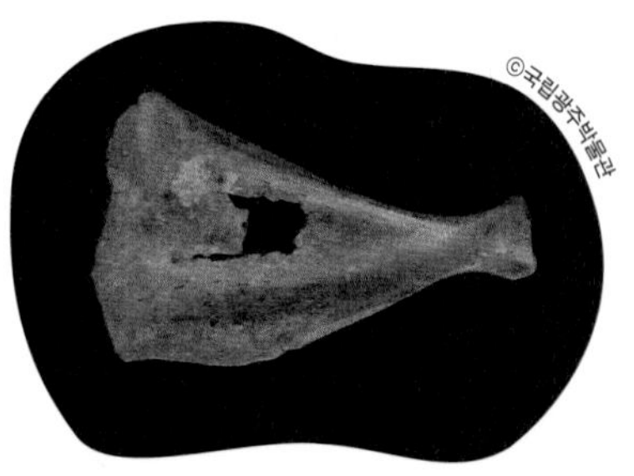

해남 군곡리에서 나온 점뼈.

한자 암기카드

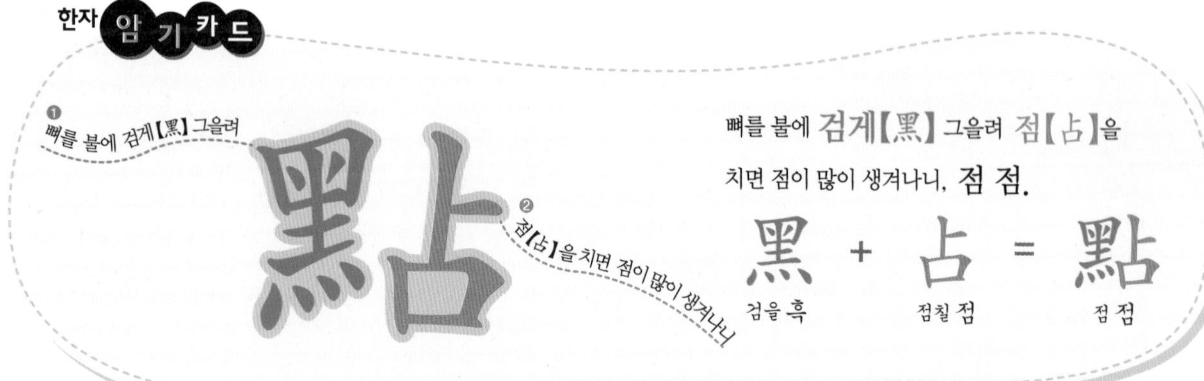

뼈를 불에 검게【黑】 그을려 점【占】을
치면 점이 많이 생겨나니, 점 점.

黑 + 占 = 點

검을 흑 / 점칠 점 / 점 점

黑

5급

검을 흑

총 12획 | 부수 黑

그릇【皿】을 흙【土】으로 빚어 불【灬】을 때면 검게 그을리니, 검을 흑(黑).
'검을 흑(黑)'은 그릇이 검게 그을린 모습에서 나온 글자야.
음식을 익히기 위해 그릇에 불을 때면
연기에 그을려 그릇이 검게 변하고 말지.
그릇을 흙으로 빚어 자꾸 불을 때다 보니
숯검정이 붙어서 검게 변한 거야.

'한자 암기카드'를 보고 빈칸에 들어갈 말을 써 보세요.

뼈를 불에 ❶ ( )【黑】 그을려 ❷ ( )【占】을 치면 점이 많이 생겨나니, 점 점(點).

點의 뜻은 (점)이고, 음은 ❸ ( ) 입니다.

點의 어원을 생각하면서 필순에 따라 써 보세요.

點 點 點 點 點 點 點 點 點 點 點 點 點 點 點 點 點

點	點	點	點	點			

1 〈보기〉의 ❶~❹에 해당하는 낱말을 따라 길에 줄을 그으세요.

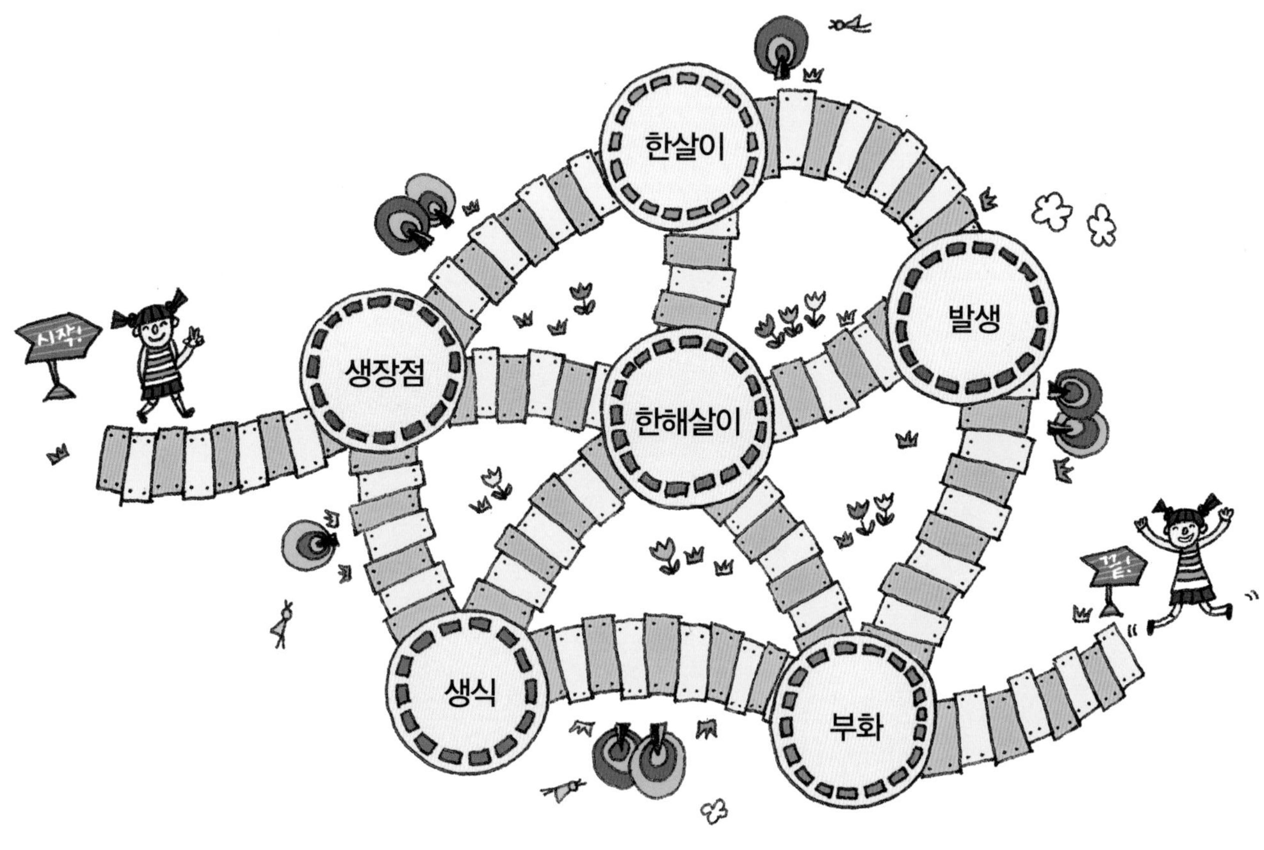

〈보기〉 ❶ 식물의 뿌리와 줄기에 있는 것으로 세포들이 빠르게 자라는 지점.
❷ 생명체가 태어나서 죽을 때까지 살아 있는 동안.
❸ 어떤 일이나 사물이 최초로 생겨나는 일.
❹ 알을 까고 새끼가 나오는 일.

❶은 길이 시작하는 지점에, ❹는 길이 끝나는 지점에 있어요.

2 왼쪽에 음뜻이 주어진 한자를 오른쪽 빈칸에 쓰세요.

설레발

오늘은 야외로 소풍 가는 날!

빨리! 어서 일어나요.
소풍 가야죠!
아직 새벽인데 벌써?

10분 내로 준비하고 빨리 나오세요!
뭣?!

백설기 공주님, 준비 다 됐어요?

아니, 벌써? 이제야 도시락을 싸고 있는데.

빨리빨리~ 어서어서 싸고 가자고요!
알았어, 알았다고!
파박

와~ 신난다!
이제야 아침 해가 뜨네.

자, 여기에 자리를 잡고 도시락을 먹자고요.

난 김밥을
좀 싸 왔어.
난
볶음밥.

저는
샌드위치를 싸 왔어요!

엥? 제일 중요한
단무지가 빠졌잖아!
난 숟가락과
젓가락을
안 가져왔어!

꺅!
난 아예 도시락통을
집에 놓고 왔어요!!

어유~ 이게 다 쑥개떡 네가
설레발을 쳤기 때문이야!
설레발?

'설레발'은 몹시 서두르며 부산하게
구는 행동을 말하지!
어서!
어서!
어서!

그렇게 정신없이
설레발을 치니까,
이런 일이 생긴 거라고!

어유, 지저분하게
이게 뭐야?
컥!
목 막혀, 물~!!
설레발치느라,
물도 놓고 왔어요.

◑ 글 속의 주황색 낱말들은 무슨 뜻일까요? 잘 생각하면서 다음 글을 읽어 보세요.

오늘은 엄마 아빠와 대관령 눈꽃 축제에 가는 날!
몇 시간 동안 차를 타고 가는 길은 지루했지만,
눈꽃 축제가 열리는 곳에 도착하니
온통 눈으로 뒤덮인 새하얀 세상이 나를 반겨 주었다.
눈꽃이라는 말 그대로 나뭇가지마다 꽃이 핀 것처럼
눈이 쌓여 있는 모습이 아름다웠다.
그때 아빠가 배낭에서 현미경을 꺼내 눈의 결정을 관찰하자고 하셨다.
현미경으로 보니 정말 눈송이 하나하나가 다양한 모양의 얼음 조각처럼 보였다.
어떤 것은 육각형 모양이고 어떤 것은 별 모양인데,
서로 대칭을 이루고 있는 모습이 마치 일정한 규칙에 따라 배열된 것처럼 보였다.
아빠는 이렇게 정해진 규칙에 따라 질서 있게 뭉쳐 있는 것이 '결정'이라고 설명해 주셨다.
그리고 대관령은 평균 700미터 이상 높은 곳에 있으므로
여름에도 서늘하고 겨울에는 눈이 많이 온다고 하셨다.
대관령처럼 높은 곳에 위치한 한랭한 지역을
'고랭지'라고 한다는 말씀까지…….
우아, 시도 때도 없이
날 공부시키려는 아빠의 노력은 정말 대단해!

◑ 빈칸에 알맞은 낱말을 왼쪽 글의 주황색 낱말 중에서 찾아 써 보세요.
잘 모를 땐 💡를 보거나, ❶~❸에서 골라 쓰세요.

1 송이송이 눈 꽃 송이 하얀 꽃송이 하늘에서 내려오는 하얀 꽃송이~.

💡 나뭇가지 따위에 꽃이 핀 것처럼 얹힌 눈이나 서리를 뜻하는 말이에요.

❶ 눈곱 ❷ 눈꽃 ❸ 눈썹

2 날씨가 춥고 차면 ○○ 하다고 해요.

💡 차다는 뜻의 두 한자가 합쳐져 된 말이에요.

❶ 한랭 ❷ 한가 ❸ 한심

3 ○○○는 대관령처럼 위치가 높고 여름에도 서늘한 곳을 말해요.

💡 이곳에서 배추 따위의 채소나 감자, 메밀 등을 심어 가꾸는 농업을 ○○○ 농업이라고 해요.

❶ 고릴라 ❷ 고령토 ❸ 고랭지

4 눈으로는 볼 수 없을 만큼 작은 물체나 물질을 확대해서 보는 기구가 ○○○입니다.

💡 돋보기보다 훨씬 크게 볼 수 있어서 아주 작은 물체를 관찰할 때 사용해요.

❶ 잠망경 ❷ 현미경 ❸ 물안경

5 ○○은 일정한 차례나 간격에 따라 벌여 놓는 것을 말해요.

💡 '상품을 보기 좋게 ○○했다.'거나 '물건이 질서 정연하게 ○○되어 있다.'고 표현해요.

❶ 배열 ❷ 배탈 ❸ 배짱

6 눈의 ○○은 육각형이나 별 모양을 비롯하여 다양한 모양으로 되어 있어요.

💡 물질이 정해진 규칙에 따라 질서 있게 뭉쳐 있는 것을 말해요.

❶ 결정 ❷ 강정 ❸ 방정

정해진 규칙에 따라 질서 있게 뭉쳐 있는 것이  이라고 설명해 주셨다

하늘에서 내리는 눈을 현미경으로 관찰하면,
작은 얼음 조각이 엉기어 육각형이나 별 모양, 나뭇가지 모양처럼
규칙적인 모양을 띠고 있는 것을 알 수 있어.
이렇게 하나하나의 작은 조각들이 규칙적인 모양을
이루고 있는 상태를 '결정'이라고 해.

낱 엉기어【結】 수정【晶】처럼 된 것.

교 하나하나의 작은 조각들이 규칙적인 모양을 이루고 있는 상태.

예 현미경으로 눈 결정을 관찰했다.

결정에서 '결(結)'은 '엉기다'의 뜻으로 쓰인 말이야.
구름 속의 수증기가 낮은 온도에서 엉기어【結】 수정【晶】처럼
규칙적인 모양의 눈송이를 만들었으니 '결정(結晶)'인 것이지.
그럼 결(結)이 '엉기다'라는 뜻으로 쓰인 다른 낱말을 살펴볼까?

결정은
모양이 규칙적인 거야.
수정 결정을 봐.
크기는 달라도 모양은
모두 똑같지.

낱 교 물이 엉기어 얼음【氷】이 됨【結】.

물이 얼어서 얼음이 되는 것을 말해.

예 어제 내린 눈으로 도로에 결빙된 곳이 많다.

낱 교 엉기어【凝】 뭉침【結】.

수증기의 일부가 물로 바뀌는 현상을 '응결'이라고 해.

예 수증기가 응결되어 물이 된다.

낱 교 모여서【團】 뭉침【結】.

여러 사람이 모여서 한마음으로 뭉치는 것을 '단결'이라고 해.

예 줄다리기에서 이기려면 우리 모두 단결해야 해!

빈칸에 알맞은 낱말을 〈보기〉에서 골라 써 보세요.

〈보기〉 결정, 결빙, 단결

- 어려운 일이 있을수록 온 국민이 하나로 ❶ ______ 해야 해.
- 겨울철 교통사고의 원인 중 하나는 도로의 ❷ ______ 이라고 한다.
- 눈 ❸ ______ 을 현미경으로 관찰하였다.

제3일차

'결(結)'은 '맺다'라는 뜻으로도 많이 쓰여.
다음 글 속에서 '결(結)'이 들어간 낱말이 어떤 뜻으로 쓰였는지 알아보자.

멀리 섬마을에 사는 빈대떡과 오랫동안 전자 우편을 주고받은 것이 드디어 결실을 이루었다. 우리의 우정을 계기로 우리 학교와 빈대떡이 다니는 학교가 서로 결연을 한 것이다.
우리 학교에서는 방문단을 결성해 빈대떡네 학교에 일주일 동안 다녀오기로 했다. 아! 내일이면 빈대떡을 직접 만나는 날인데, 가슴이 뛰어서 잠이 오지 않는다.

낱 교 열매【實】를 맺음【結】.

'결실'은 원래 식물의 열매 또는 열매를 맺는 것을 뜻해. 여기서 나아가 '일하여 얻은 좋은 결과'를 가리키는 말로도 쓰이게 되었단다.

예 열심히 공부한 것이 결실을 이루어 성적이 많이 올랐다.

낱 교 인연【緣】을 맺음【結】.

'결연'은 어떤 모임끼리 도움을 주고받으려고 관계를 맺을 때 쓰는 말이란다.
'자매결연'이라는 말은 두 단체가 자매처럼 친하게 지내기로 하는 것이지.

예 미국에 있는 학교와 자매결연을 했다.

낱 교 맺어서【結】 이룸【成】.

조직이나 단체 따위를 짜서 만드는 일이야. 그러려면 여러 사람과 관계를 맺어서【結】 이루어야【成】 하니 바로 '결성'이지.

예 운동회 때 아이들을 모아 응원단을 결성했다.

쏙쏙 문제

빈칸에 알맞은 낱말을 〈보기〉에서 골라 써 보세요.

〈보기〉 결실, 결연, 결성

- 우리 학교는 일본에 있는 한국인 학교와 자매 ❶ ______ 을 하였다.
- 2008년 베이징 올림픽을 맞아 응원단을 ❷ ______ 했다.
- 과일과 곡식이 무르익어 가는 가을은 역시 ❸ ______ 의 계절이다.

한자의 뜻과 유래에 대한 설명을 읽고, 한자를 익혀 보세요.

結

5급

맺을 결

총 12획 | 부수 糸, 6획

'청실홍실'이라는 말 들어 봤니?
옛날 결혼식 때 쓰이던 청색과 홍색의 명주실 묶음을 이르는 말이야.
결혼을 청할 때 신랑 집에서 신부 집으로 청실홍실을 엮어서 보냈단다.
남자를 뜻하는 청실과 여자를 뜻하는 홍실을 묶어서 보냈으니,
부부의 좋은 인연을 맺자는 말이지. '결(結)'이라는 글자는 이처럼
실【糸】로 좋게【吉】 맺는다는 뜻을 담고 있단다.

한자 암기카드

終

5급

마칠 종

총 11획 | 부수 糸, 5획

누에가 실【糸】을 뽑아 집 짓는 일을 겨울【冬】 전에 마치니, 마칠 종(終).
'맺을 결(結)'을 보면 '실 사(糸)'가 들어 있어.
'실 사(糸)'는 다른 글자와 합쳐져서 새로운 뜻을 만들어 낸단다.
그럼 '실 사(糸)'와 '겨울 동(冬)'이 합쳐진 '종(終)'은 무슨 뜻일까?
누에 같은 벌레는 실【糸】을 뽑아 집을 짓는단다.
그런데 집 짓는 일은 추운 겨울【冬】이 되기 전에 마쳐야 해.
그래서 '종(終)'은 '마치다'라는 뜻을 가지게 되었어.

누에고치.

'한자 암기카드'를 보고 빈칸에 들어갈 말을 써 보세요.

❶ ( )【糸】로 ❷ ( )( )【吉】 맺으니, 맺을 결(結).

結의 뜻은 맺 다 이고, 음은 ❸ ( ) 입니다.

結의 어원을 생각하면서 필순에 따라 써 보세요.

結 結 結 結 結 結 結 結 結 結 結 結

結	結	結	結	結			

1

❶~❻의 뜻에 맞는 낱말이 되도록 흰 접시 안에 알맞은 글자를 쓰세요.

❶ 하나하나의 조각들이 규칙적인 모양을 이루고 있는 상태. 예) 눈 결○은 육각형이다.

❷ 물이 엉기어 얼음이 됨.

❸ 조직이나 단체 따위를 만드는 일. 예) 영떡스 클럽 결○.

❹ 여러 사람이 모여서 한마음으로 뭉치는 일.

❺ 열매를 맺는 것 또는 일하여 얻은 좋은 결과.

❻ 어떤 모임끼리 도움을 주고받으려고 관계를 맺는 것. 예) 자매결○.

연, 실, 빙, 성, 단 위 다섯 글자 가운데 하나를 골라 쓰세요!

2

양쪽 한자에 공통으로 들어 있는 글자를 ❶~❹에서 고르세요.

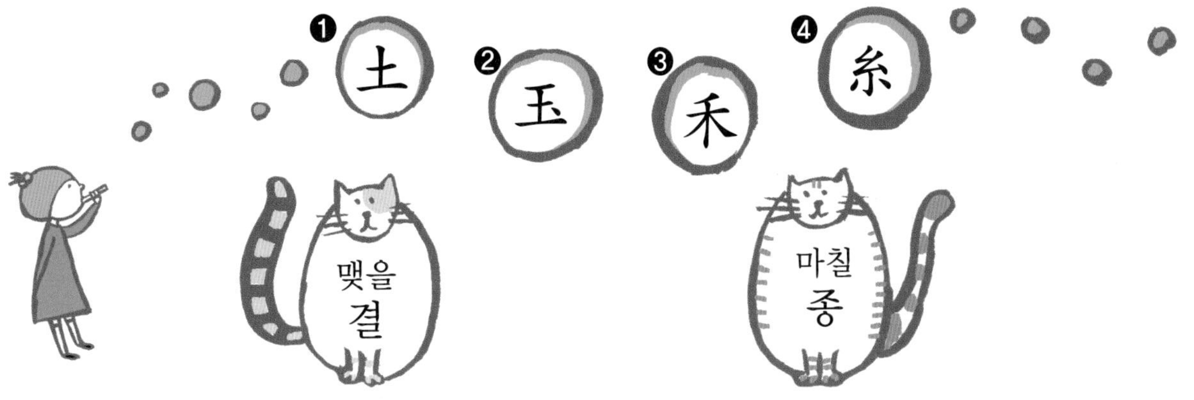

대관령처럼 높은 곳에 위치한 한랭한 지역을  라고 한다는 말씀까지

높은 곳으로 올라갈수록 기온이 점점 떨어진다는 사실, 알고 있니?
그래서 평균 높이가 700미터 이상 되는 대관령 지역은 8월 평균 기온이 19.0℃로, 25.4℃인 서울보다 무려 5℃ 이상 낮아.
이렇게 '높고【高】 찬【冷】 땅【地】'을 '고랭지(高冷地)'라고 해.

낱 높고【高】 찬【冷】 땅【地】.
교 해발 600미터 이상의 높고 서늘한 지역.
예 대관령 지역은 배추 농사와 같은 고랭지 농업에 안성맞춤인 곳이다.

고랭지에서는 배추나 무처럼 서늘한 날씨에 잘 자라는 채소를 가꾼단다.
무더운 여름에는 배추나 무를 재배하기 힘든데, 고랭지에서는 서늘한 날씨 덕분에 여름에도 배추나 무를 길러 소득을 얻고 있지.

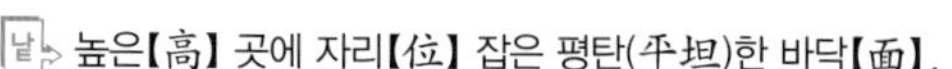

낱 높은【高】 곳에 자리【位】 잡은 평탄(平坦)한 바닥【面】.
교 해발 고도가 높은 곳에서 평탄한 면이 넓게 펼쳐져 있는 지형.
예 태백산맥 주변 지역은 고위 평탄면을 이룬다.

대관령 지역은 땅이 높을 뿐만 아니라
지형이 평탄해서 농사에 안성맞춤이야.
이렇게 '높은【高】 곳에 자리【位】 잡은 평탄(平坦)한 바닥【面】'이 넓게 펼쳐진 지형을 '고위 평탄면'이라고 한단다.
'고원(高原)'은 '높은【高】 곳에 있는 벌판【原】'이라는 뜻이야.

높을 고 高
벌판 원 原
고원

낱 높은【高】 곳에 있는 벌판【原】.
교 보통 해발 고도 600미터 이상에 있는 넓은 벌판.
예 개마고원은 한반도의 지붕으로 불린다.

빈칸에 알맞은 낱말을 〈보기〉에서 골라 써 보세요.

〈보기〉 고랭지, 고위 평탄면, 고원

- ❶ ____ 은 '높은 곳에 있는 벌판'이라는 뜻으로, 땅이 높고 지형이 평탄하다.
- 대관령에서는 배추, 무와 같은 ❷ ____ 채소 재배가 활발하다.
- 대관령 주변의 넓고 평탄한 ❸ ____ ____ 에서는 젖소를 많이 기른다.

'고(高)'는 '높다'는 뜻 외에도 여러 가지 의미로 쓰여.
다음 글 속에서 '고(高)'가 들어간 낱말의 뜻을 생각해 보자.

어느 날 삼색 송편은 백화점 전단지를 보고 눈이 휘둥그레졌어요.
'새로 나온 고성능 카메라 대박 세일!'이라고 쓰여 있었거든요.
전단지에 나온 카메라는 모양이 예쁜 데다 성능도 뛰어난 최신형 제품이었어요.
송편들은 카메라를 사고 말겠노라 고함을 지르며 다투어 백화점에 갔어요.
하지만 카메라의 가격표를 보고 마음이 흔들렸어요.
가격이 다른 카메라의 두 배가 넘는 고가였기 때문이지요.
'대박 세일이라더니…… 너무 비싸잖아!'
삼색 송편은 터덜터덜 빈손으로 돌아와야 했어요.

낱 뛰어난【高】 성능【性能】.

'고성능'은 매우 뛰어난 성능을 말해.
여기서 고(高)는 '뛰어나다' 라는
뜻으로 바뀌어 쓰인 거란다.

예 세계 시장에 내놓을 고성능 자동차를 개발했다.

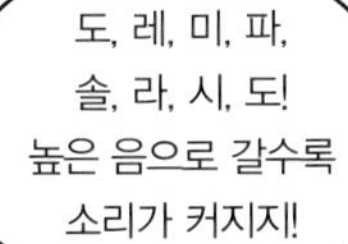

낱 크게【高】 외치는 소리【喊】.

'고함'의 '고(高)'는 '크다'는 뜻으로 쓰인 거란다.
낮은 음에서 높은 음으로 올라갈수록 소리도 커지지?
그래서 '높다'는 뜻이 '크다'로 바뀐 거야.

예 사람들이 질러 대는 고함 소리에 귀가 따가웠다.

낱 교 높은【高】 값【價】. 비싼 값.

'고가'의 '고(高)'는 '비싸다'는 뜻으로 쓰인 거야.
'값이 높다'는 건 비싸다는 말이거든.

예 피카소의 그림이 고가에 팔렸다.

쏙쏙 문제

빈칸에 알맞은 낱말을 〈보기〉에서 골라 써 보세요.

〈보기〉 고성능, 고가, 고함

- 한밤중에 옆집에서 "불이야!"라는 ①_____ 이 들렸다.
- 아빠는 새로 산 ②_____ 노트북 컴퓨터가 속도가 무척 빠르다고 좋아하셨다.
- 박수근 화백의 그림 〈나무가 있는 풍경〉이 7억 5천만 원이라는 ③_____ 에 팔렸다.

한자의 뜻과 유래에 대한 설명을 읽고, 한자를 익혀 보세요.

6급

高

높을 고

총 10획 | 부수 高

서울의 흥인지문을 본 적이 있니?
조선 시대 한양을 둘러싸고 있던 성벽의
동쪽에 난 성문이란다.
옛날 사람들은 성문을 지을 때 흥인지문처럼
성문 위에 높다란 누각을 지었어.
'높을 고(高)'는 성문 위에 있는 높은 누각의 모양을 본떠서 만든 글자란다.

흥인지문.

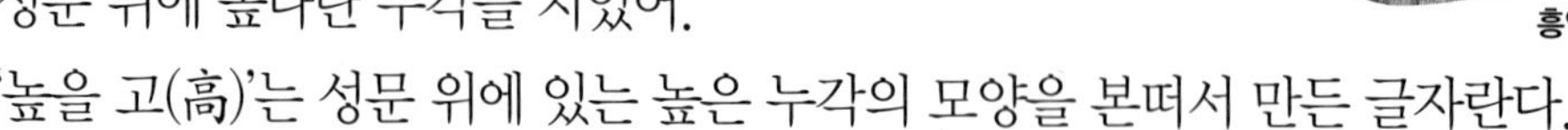

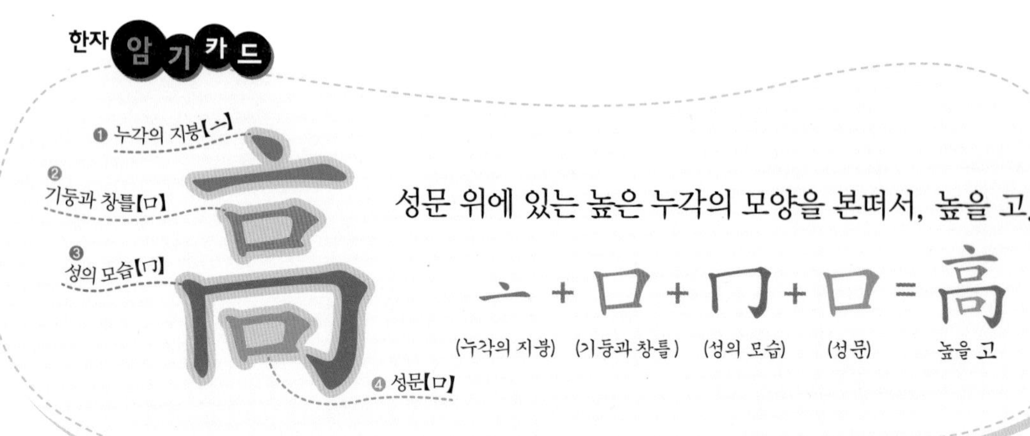

준4급

低

낮을 저

총 7획 | 부수 亻, 5획

'높을 고(高)'와 반대되는 한자는 '낮을 저(低)'야.
이 글자는 고(高)와 짝을 이루어 반대말을 만든단다.
초등학교에서 5~6학년은 '고학년(高學年)',
1~2학년은 '저학년(低學年)'이라고 해.
높은 곳에 있는 땅은 '고원'이라고 했지?
낮은 곳에 있는 땅은 '저지'라고 말해.

뜻 낮은【低】 곳에 있는 땅【地】.
예 물이 넘치자 저지대의 집과 논밭이 침수되었다.

'한자 암기카드'를 보고 빈칸에 들어갈 말을 써 보세요.

❶ (   ) 위에 있는 높은 ❷ (   )의 모양을 본떠서, 높을 고(高).

高의 뜻은 (높 다) 이고, 음은 ❸ ( ) 입니다.

高의 어원을 생각하면서 필순에 따라 써 보세요.

高	高	高	高	高			

1 ❶~❹의 뜻을 가진 낱말이 되도록 거미 등의 빈칸에 알맞은 글자를 쓰세요.

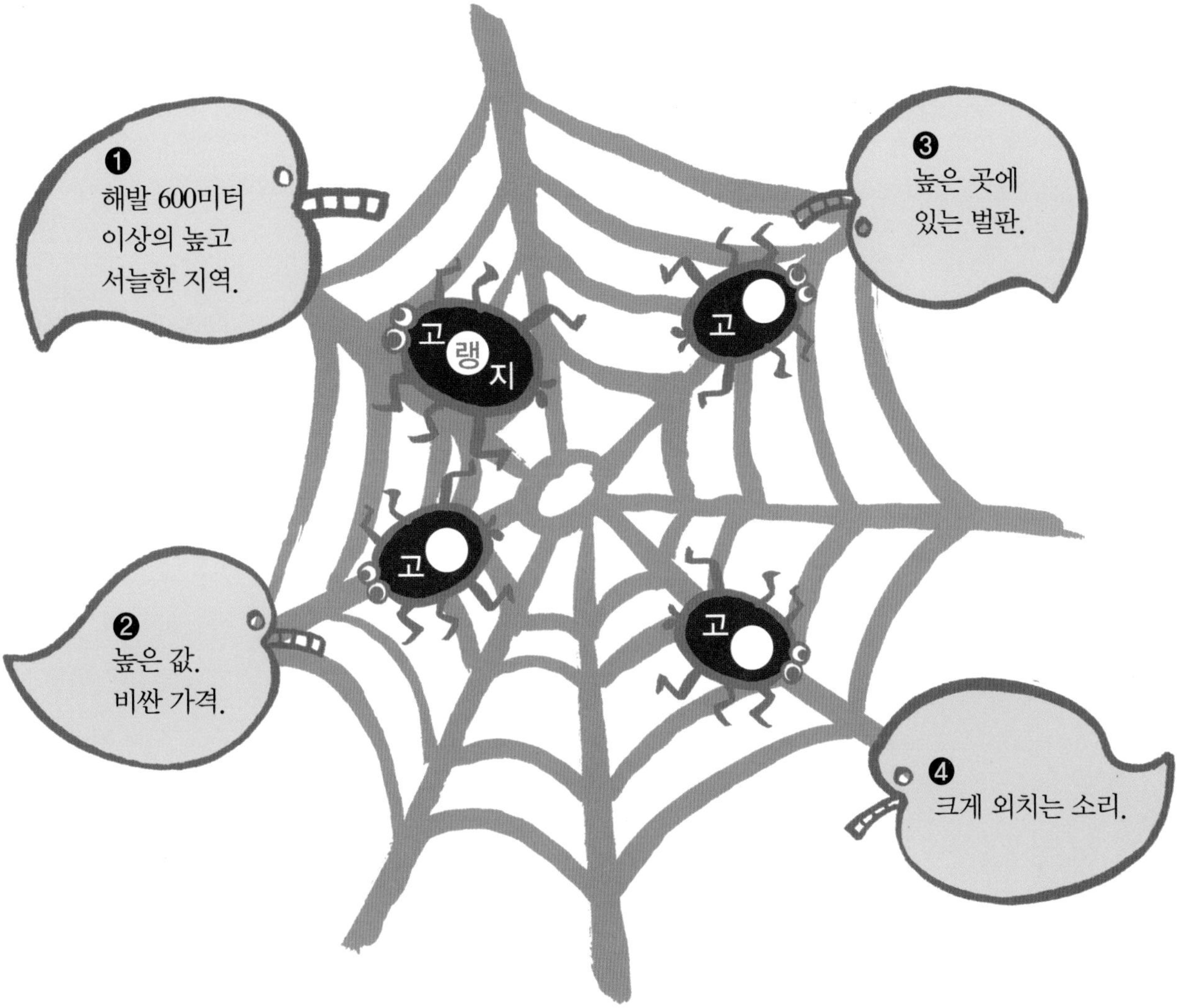

❶ 해발 600미터 이상의 높고 서늘한 지역.

❷ 높은 값. 비싼 가격.

❸ 높은 곳에 있는 벌판.

❹ 크게 외치는 소리.

고 랭 지

고 ○

고 ○

고 ○

2 왼쪽에 음뜻이 주어진 한자를 오른쪽 빈칸에 쓰세요.

*이 글은 초등학교 4학년 어린이가 쓴 연극 대본입니다.

괴물 : (앤에게 한 걸음 다가서며) 우리를 젖히고 일등을 하면

'제치고'라고 쓴단다.

네가 너의소원을 한 가지 들어주지.

앤 : (눈을 크게 뜨며 놀란다. 다시 괴물을 쳐다보며)

저는 어린 여자 아이인데 어떻게 당신을 이기겠어요. 생각이

'깊지'라고 쓴단다.

깁지 못하네요.

괴물 : (고개를 돌려 우리에 갇힌 친구들을 한 번 보고 다시 앤을

본다.) 네가 나와 경기를 하지 않으면 (손가락으로 친구들

'네'라고 써야겠지.

을 가르치며) 니 친구들을 절벽으로 떨어뜨릴 거다.

'가리키며'라고 써야 해.

친구들은 '가리키고', 공부는 '가르치고'

친구들은 '가르치는' 게 아니라 '가리키는' 거야.
손가락으로 어떤 방향이나 장소, 물건, 사람, 동물 등을
말하거나 집어서 보이는 경우에 '가리키다'라고 쓴단다.
선생님께서 우리에게 공부를 알려 주실 때에는
'가르치다'라고 써야 해.

가리키다

- 손가락으로 어떤 방향이나 장소, 물건, 사람, 동물 등을 말하거나 집어 보이다.
  - 예 칠판의 글씨를 가리키다.
- 대상을 특별히 집어서 돋보이게 나타내다.
  - 예 친척들이 우리 오빠를 가리켜 신동이라 했다.

가르치다

- 공부나 지식, 기능, 이치 등을 남에게 알려 주다.
  - 예 선생님께서 사회 공부를 가르치셨다.
- 그릇된 버릇을 고쳐서 바로잡다.
  - 예 그 녀석 버르장머리를 가르치겠다.

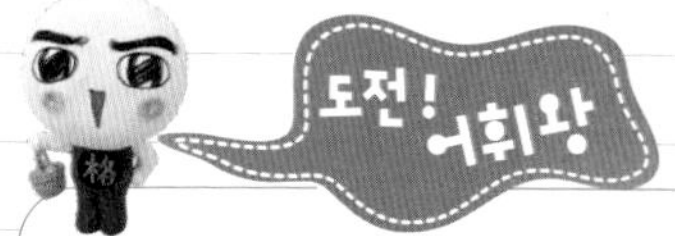

1

❶~❸에서 이어진 길을 따라가면 두 글자로 된 낱말이 완성됩니다.
그 낱말을 알맞은 뜻과 이으세요.

❶ 번 ❷ 성 ❸ 고

원 식 장

높은 곳에 있는 벌판.

생물의 수가 불고 늘어서 널리 퍼짐.

자라서 커짐.

완성된 세 낱말은 번식, 성장, 고원입니다.

2

<보기>의 한자를 완성하려면 어떤 길로 가야 할지 알맞은 글자를 따라 선을 긋고, 완성된 한자를 빈칸에 쓰세요.

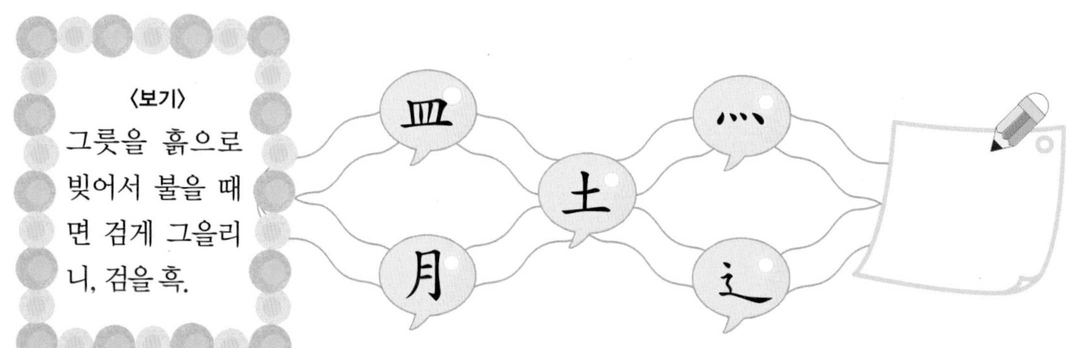

제 5 일차

3 빨간 별의 '결'과 빈칸의 글자가 합쳐지면 두 글자의 낱말이 완성됩니다.
❶~❸의 뜻에 맞는 낱말이 되도록 빈칸에 글자를 쓰세요.

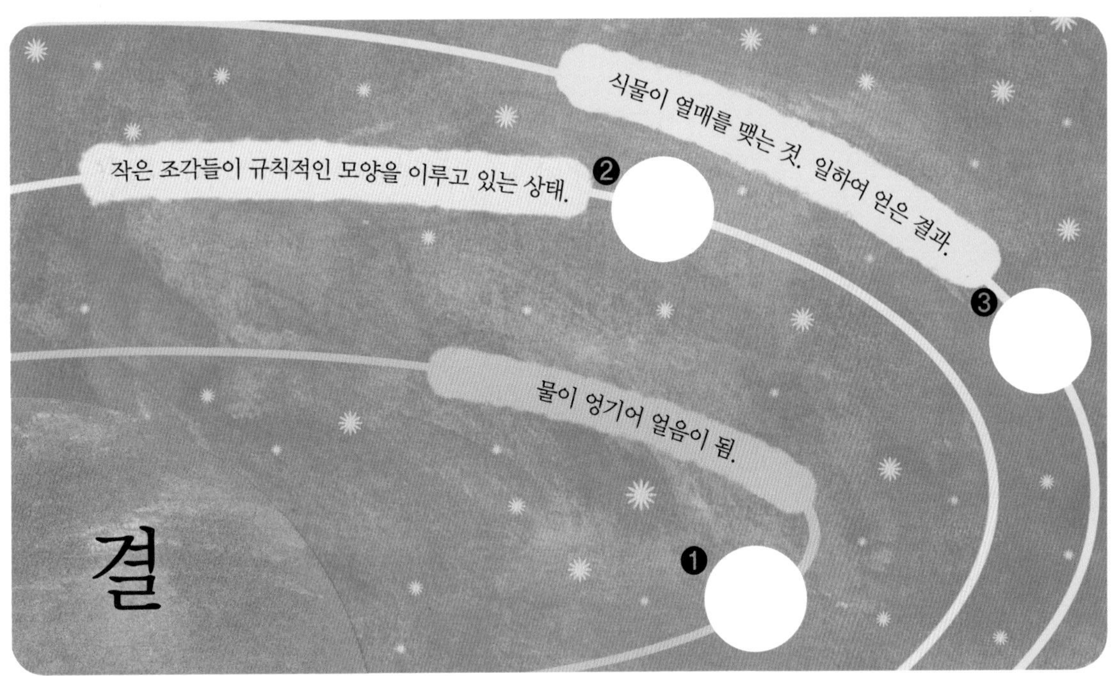

4 ❶~❹에서 사다리를 타고 가다 만나는 빈칸에 알맞은 한자를 쓰세요.

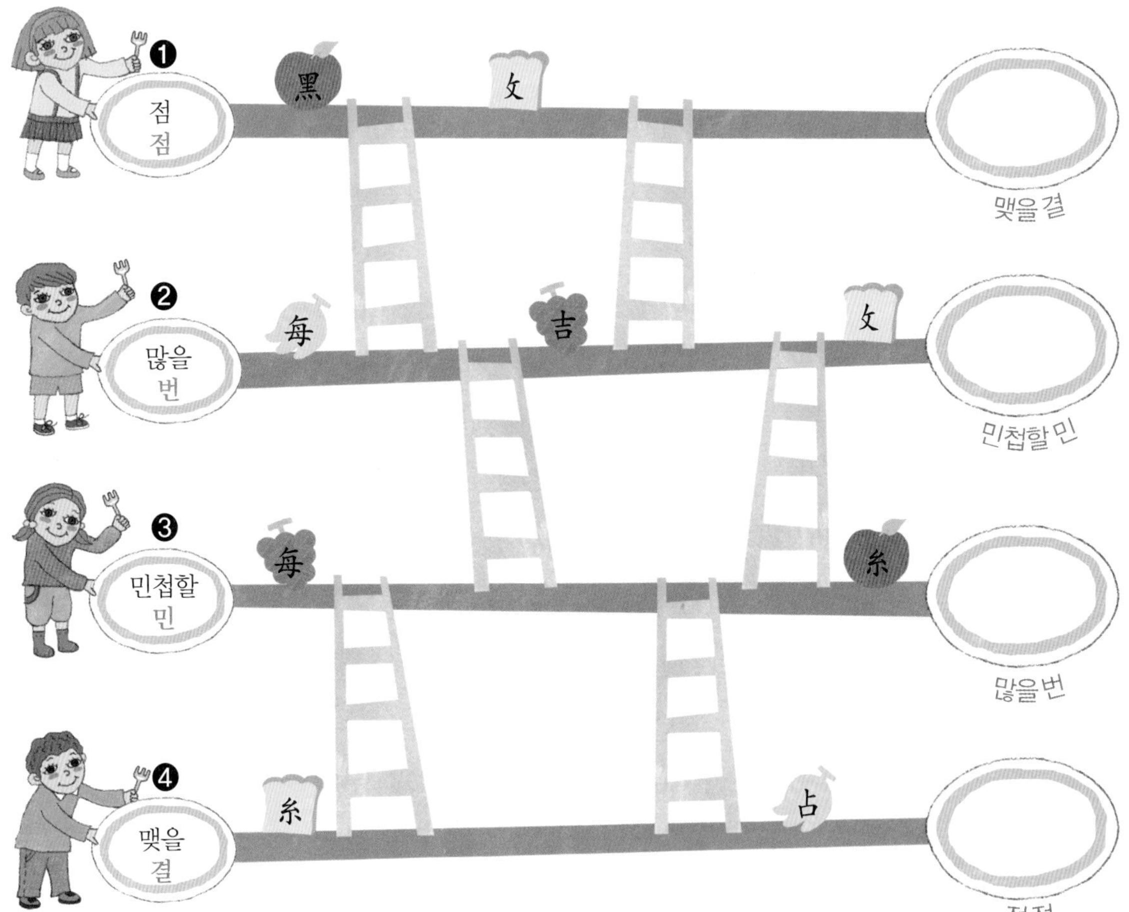

사다리 중간에 만나는 글자들을 합치면 한자가 완성됩니다.

평가 문제

1~3 빈칸에 들어갈 낱말을 〈보기〉에서 골라 쓰세요.

〈보기〉 부화, 성장, 생식

1. 뿌리는 식물이 (　　　　)하는 데 꼭 필요한 물과 양분을 흡수한다.

2. 짝짓기를 해서 낳은 알이 아니면, 암탉이 알을 품더라도 (　　　　)되지 않는다.

3. 식물의 꽃은 자손을 만드는 일을 하는 (　　　　) 기관이다.

4~5 다음 글을 읽고 물음에 답하세요.

(가) 윷놀이는 중국의 '저포'라는 놀이에서 전래되었다는 이야기도 있지만, 우리나라에서는 이미 삼국 시대 이전부터 널리 행해져 왔다. 부여의 왕이 다섯 종류의 가축을 다섯 마을에 나누어 주고, 그 가축들을 잘 ㉠**번식**시키기 위하여 윷놀이를 하였다고 한다.

(나) 나팔꽃이 낮에는 피었다가 밤에 오므리는 이유는, 빛의 세기에 따라 꽃잎의 안쪽과 바깥쪽의 (㉡) 속도가 다르기 때문이다.

4. **㉠의 뜻으로 바른 것을 고르세요. (　　　　)**

❶ 누구나 할 수 있다.
❷ 자라나 어른이 되다.
❸ 어떤 일이 자주 일어나다.
❹ 수가 불고 늘어서 널리 퍼지다.
❺ 수가 늘어나는 정도가 매우 빠르다.

5. **㉡에 들어갈 말로, '나서 자라남'이란 뜻의 두 글자로 된 낱말을 쓰세요.**

(　　　　　　　　　　)

6~8 다음 그림을 보고 물음에 답하세요.

(가)

(나)

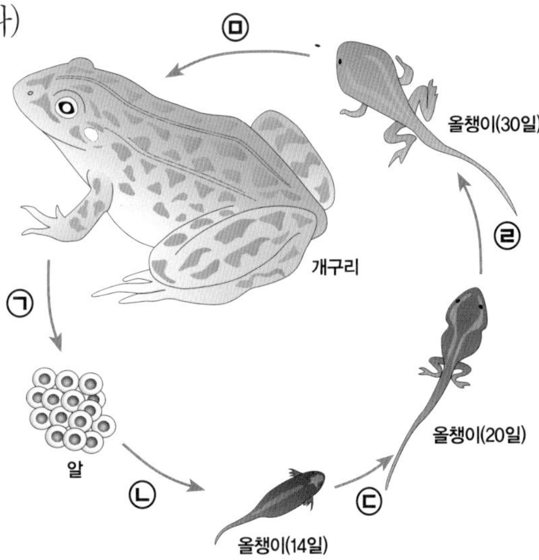

㉤ 올챙이(30일)
㉣ 개구리
㉠ 알
㉡ 올챙이(14일)
㉢ 올챙이(20일)

6. (가)에 대하여 바르게 말한 사람은 누구인지 고르세요. (　　　　)

❶ 주희 : "눈의 결정이다."　　❷ 성주 : "눈의 결실이다."
❸ 미미 : "눈의 단결이다."　　❹ 송지 : "눈의 결빙이다."
❺ 희연 : "눈의 결성이다."

7. (나)를 나타내는 말로 거리가 먼 것을 고르세요. (　　　　)

❶ 생애　　❷ 일생　　❸ 평생
❹ 한살이　　❺ 한해살이

8. (나)의 ㉠~㉤ 중, '부화'에 해당하는 것의 기호를 쓰세요.

(　　　　　　　　　　)

9~10 주어진 뜻에 해당하는 낱말을 쓰세요.

9. 해발 600미터 이상의 높고 서늘한 지역.

(　　　　　　　　　　)

10. 크게 부르짖거나 외치는 소리.

(　　　　　　　　　　)

실로폰은 나무로 소리를 내는 악기

딩딩동동~ 너희들 실로폰이라는 악기 알지?
채로 두드려서 소리를 내는 악기 말이야.
요즘은 주로 쇠로 만든 음판을 두드리지만 원래는 나무토막을 두드렸대.
여러 나무토막을 음계 순으로 늘어놓고 두드려서 소리를 냈던 거지.
실로폰[xylophone]은 우리말로 목금(木琴)이라고 해.
xylo-가 나무를 뜻하는 말이거든.
실로폰[xylophone]이 나무로 소리를 내는 악기라고 했는데,
그렇다면 **-phone**은 무슨 뜻일까? 그래, 맞아! **–phone**은 소리라는 뜻이야.

오늘은 폰-phone이 붙는 단어를 살펴볼 거야.
기억나니?
지난번에 배웠던 텔레폰telephone, '전화' 말이야.
텔레tele-가 '멀리 떨어져서'의 뜻이고 폰-phone이 '소리'라는 뜻이니까
텔레폰telephone은 멀리 떨어져 있는 소리를 전달해 주는 전화가 되는 거랬지.
그럼 우리 주위에서 폰-phone이 들어가는 단어를 한번 찾아볼까?

headphone

'머리head에 쓰고 소리phone를 듣는 것,
헤드폰headphone'이네!
아마 집에도 있을 거야.
헤드폰 쓰고
음악 듣는 사람을
주변에서 흔히
볼 수 있잖아.

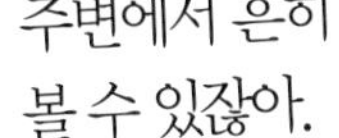

microphone

마이크로폰microphone은 줄여서
마이크mic라고도 해.
'작은micro 소리를
멀리까지 들릴 수 있도록
크게 해 주는 마이크' 말이야.
마이크는 소리를
녹음할 때에도 사용되지.

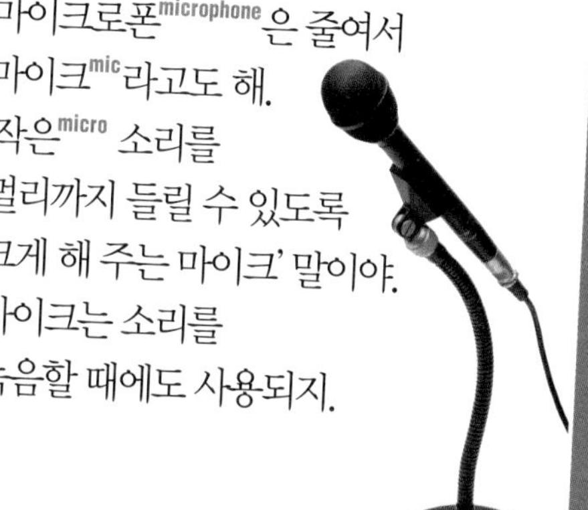

megaphone

메가폰megaphone에서 **mega-**는
'큰, 커다란'의 뜻이야.
그러니까 메가폰은 '큰 소리를 내는 것,
확성기'라고 할 수 있겠지.
음성이 멀리까지 들리도록 해 주는
원뿔 모양의 기구 말이야.

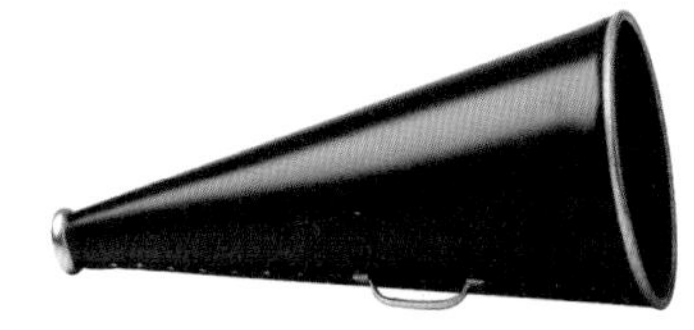

earphone

이어폰earphone은 다들 알지?
'귀ear에 꽂고 소리phone를 듣는
것'이잖아. 혼자서 라디오를 듣거나
음악을 들을 때 주로 사용하지.

콕콕 정답

제1일차

05쪽 1. 양분 2. 근사 3. 번식
4. 생장점 5. 형성층 6. 명쾌
06쪽 ❶ 번식 ❷ 빈번
07쪽 ❶ 생식 ❷ 증식
08쪽 ❶ 매일 ❷ 두드려 ❸ 실 ❹ 번

09쪽

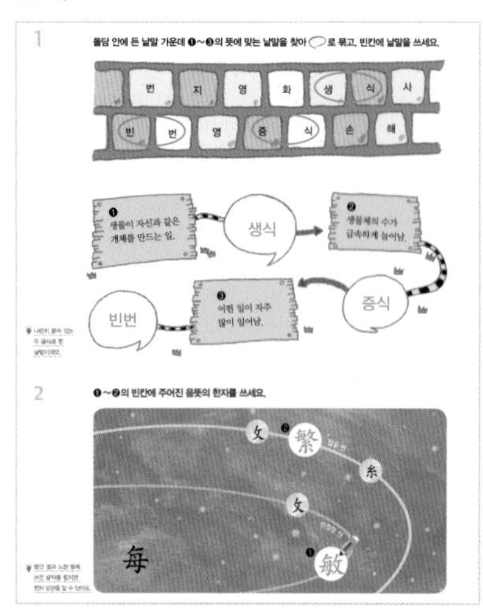

제2일차

10쪽 ❶ 생장 ❷ 성장 ❸ 생애
11쪽 ❶ 한살이 ❷ 한해살이
❸ 여러해살이 ❹ 부화
12쪽 ❶ 검게 ❷ 점 ❸ 점

13쪽

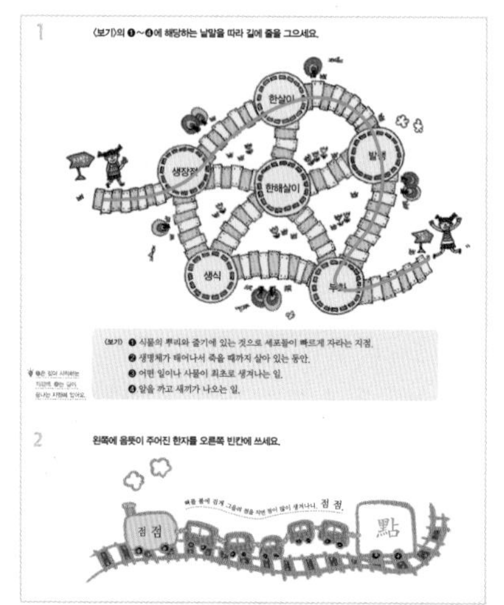

제3일차

17쪽 1. 눈꽃 2. 한랭 3. 고랭지
4. 현미경 5. 배열 6. 결정
18쪽 ❶ 단결 ❷ 결빙 ❸ 결정
19쪽 ❶ 결연 ❷ 결성 ❸ 결실
20쪽 ❶ 실 ❷ 좋게 ❸ 결

21쪽

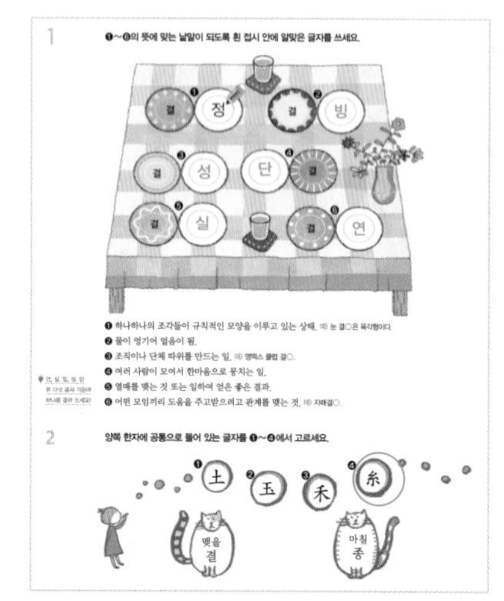

제4일차

22쪽 ❶ 고원 ❷ 고랭지 ❸ 고위 평탄면
23쪽 ❶ 고함 ❷ 고성능 ❸ 고가
24쪽 ❶ 성문 ❷ 누각 ❸ 고

25쪽

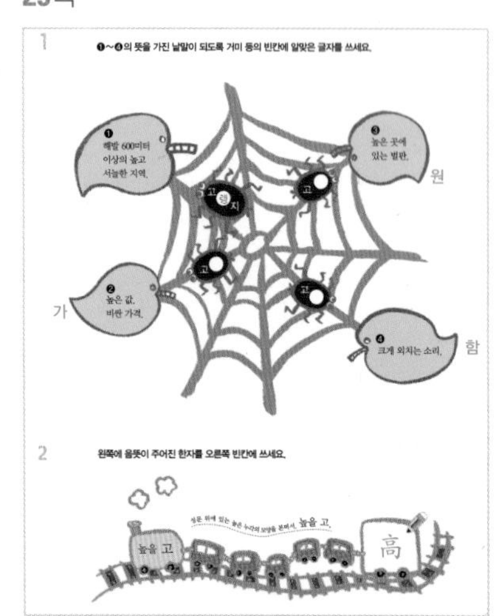

제5일차

도전! 어휘왕

28-29쪽

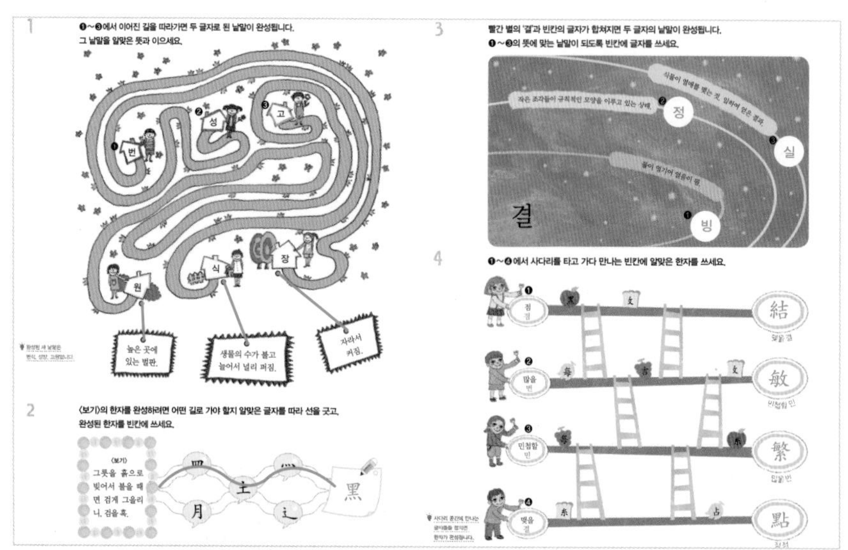

평가 문제

30-31쪽 1. 성장 2. 부화 3. 생식 4. ❹ 5. 생장
6. ❶ 7. ❺ 8. ㉡ 9. 고랭지 10. 고함

우리 몸속에 들어 있는 이름

사람의 몸에 얼마나 많은 이름이 있는지 아니?
무심코 쓰는 관용 표현 속에도 몸과 관계있는 표현이 많아.
몸에 대한 관심이 높아지는 요즈음, 내 몸에 얼마나 많은
이름들이 들어 있는지 한번 살펴보자고!

오금 무릎을 구부릴 때 접히는 뒤쪽의 오목한 부분이야. '오금이 저리다'는 말을 하지? 오금이 저리면 걸을 수 없어 주저앉게 되거든. 그만큼 무섭다는 뜻으로 쓰는 말이란다.

정강이 무릎 아래에서 발목까지 앞부분에는 단단한 뼈가 있지? 그 부분을 '정강이'라고 해.

종아리 무릎 아래에서 발목까지의 뒷부분에 있는 살집이 '종아리'란다.

장딴지 종아리에서 살이 불룩하게 튀어나온 부분이야.

복사뼈 발목 부근에 안팎으로 둥글게 나온 뼈를 말해. '복숭아뼈'는 틀린 말이야.

발꿈치 발목 뒤편, 발바닥으로 이어진 불룩한 부분이란다.

넓적다리 무릎 관절의 윗부분에 있는 뼈와 근육을 통틀어 가리켜. '대퇴'라고도 한단다.

허벅다리 넓적다리의 앞쪽 윗부분을 말해.

허벅지 허벅다리의 안쪽, 살이 많은 부분이야.

볼기 허벅다리 위의 양쪽, 허리 아래 뒤쪽에 있는 살이 불룩한 부분이란다.

엉덩이 볼기의 윗부분, 허리 아래까지의 부분이야. 병원에서 '엉덩이 주사'를 맞을 때 어디에 맞는지 떠올려 보렴. 톡 튀어나온 부분이 아니라 그 윗부분에 맞지? 엉덩뼈를 '골반'이라고 해.

궁둥이 엉덩이의 아랫부분. 앉으면 바닥에 닿는 부분이야. 볼기와 비슷하다고 보면 된단다.

손목 손과 팔이 이어지는 부분이야. '팔목'이라고도 해.

목덜미 목의 뒤쪽, 아랫부분을 '덜미'라고 해. 목의 바로 뒤쪽은 '목덜미'가 되고, 목덜미 아래에서 양쪽 어깻죽지까지의 사이는 '뒷덜미'라고 한단다. 목덜미를 잡히면 제대로 힘을 쓸 수가 없어. 여기에서 '덜미를 잡힌다'는 말이 나왔단다.

비위 우리 몸속 기관 중 소화를 담당하는 '비장'과 '위장'을 줄인 말이야. '비위를 맞춘다'고 하면 '소화가 잘되는 음식', 즉 마음에 들게 해 준다는 뜻이야.

미주알 항문에 닿아 있는 창자의 끝 부분을 말해. 사람 속의 가장 끝 부분이라고도 할 수 있지. 아주 사소한 일까지 속속들이 캔다는 뜻으로 '미주알고주알'이라는 말을 써.

마법의 상위권 어휘 스스로 평가표

01

다음 네 낱말 중 뜻을 자신 있게 말할 수 있는 낱말은 ○표, 알쏭달쏭한 낱말은 △표, 자신 없는 낱말은 ×표 하세요.

생장점 (　　) | 번식 (　　) | 결정 (　　) | 고랭지 (　　)

02

다음 네 한자 중 음과 뜻을 자신 있게 말할 수 있는 것은 ○표, 알쏭달쏭한 것은 △표, 자신 없는 것은 ×표 하세요.

點 (　　) | 繁 (　　) | 結 (　　) | 高 (　　)

03

〈평가 문제〉를 모두 풀고 정답을 확인해 보세요. 10문항 중 내가 맞힌 문항 수는 몇 개인가요?

❶ 9-10 문항 (　　) | ❷ 7-8 문항 (　　) | ❸ 3-4 문항 (　　) | ❹ 1-2 문항 (　　)

| 부모님과 선생님께 |

위에서 어린이가 스스로 적은 내용을 보고, 어린이가 어려워하는 부분을 함께 보면서
어휘의 뜻과 쓰임을 이해할 수 있도록 해 주세요.

초등 5-2 단계

어휘가 쑥쑥 자라요.

부모님과 선생님께서는 이렇게 지도해 주세요

제 1 일차	제 2 일차	제 3 일차	제 4 일차	제 5 일차
우리나라의 화산섬 이야기를 읽고, 대표 어휘 '분출'의 뜻과 한자 '噴'을 익힙니다. '분출'에서 확장된 여러 낱말의 뜻을 스스로 추론해 보도록 지도해 주세요.	대표 어휘 '용암'의 뜻과 한자 '鎔'을 익히고, 관계있는 낱말도 함께 익힙니다. 다지기 문제를 풀어 보고, '푸지다'란 낱말의 뜻과, 쓰임을 익히도록 해 주세요.	지진 현상에 대한 이야기를 읽고, 대표 어휘 '지진'의 뜻과 한자 '震'을 익힙니다. '지진'에서 확장된 여러 낱말의 뜻을 스스로 추론해 보도록 지도해 주세요.	대표 어휘 '범람'의 뜻과 한자 '濫'을 익히고, 관계있는 낱말도 함께 익힙니다. 다지기 문제를 풀어 보고, '두껍다'와 '두텁다'를 구별하여 쓸 수 있도록 해 주세요.	재미있는 게임 문제와 학교 시험 유형의 평가 문제를 풀며 어휘 실력을 다집니다. '포즈(−pose)'와 구성 원리가 비슷한 영단어들도 함께 익히도록 해 주세요.

이런 내용을 배워요!

제주도, 울릉도, 독도는 모두 화산섬이랍니다.
화산이 터질 때 분출한 용암이
굳어져 만들어진 섬이라고 해요.
세 섬 중에 가장 오래된 화산섬은 어디일까요?

어휘랑 놀자 1
이름답고 궁금한 우리말 이야기
푸지다

제 1 일차

교과서 학습 어휘 01
맛보기
돋보기1
한자가 술술
다지기

분출
분화구 칼데라 호
분수 분사 분무기

噴
憤

제 2 일차

돋보기2
한자가 술술
다지기

용암
화성암 현무암 화강암
폭발 폭염 폭설 폭리

鎔
溶

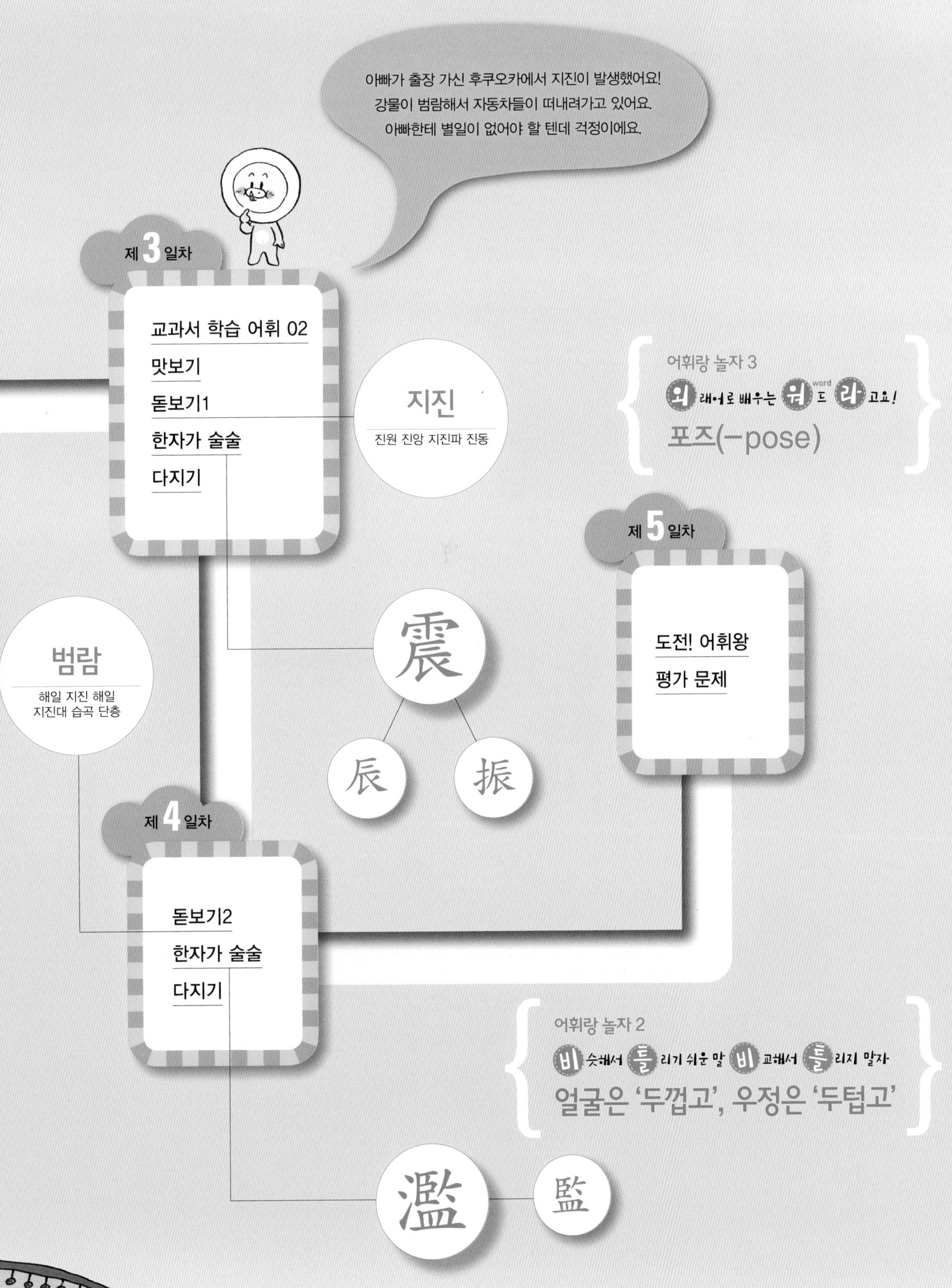
아빠가 출장 가신 후쿠오카에서 지진이 발생했어요!
강물이 범람해서 자동차들이 떠내려가고 있어요.
아빠한테 별일이 없어야 할 텐데 걱정이에요.
제 3 일차
교과서 학습 어휘 02
맛보기
돋보기1
한자가 술술
다지기
지진
진원 진앙 지진파 진동
震
辰
振
범람
해일 지진 해일
지진대 습곡 단층
제 4 일차
돋보기2
한자가 술술
다지기
濫
監
어휘랑 놀자 3
외래어로 배우는 워드 라고요!
포즈(-pose)
제 5 일차
도전! 어휘왕
평가 문제
어휘랑 놀자 2
비슷해서 틀리기 쉬운 말 비교해서 틀리지 말자
얼굴은 '두껍고', 우정은 '두텁고'

돋보기 분출 · 용암

◑ 글 속의 주황색 낱말들은 무슨 뜻일까요? 잘 생각하면서 다음 글을 읽어 보세요.

일요일 오전 10시, 아빠는 후쿠오카 출장, 엄마는 부산 여행!
오래간만에 맞이한 나만의 자유 시간입니다. 야호!
TV를 켜니 〈도전 퀴즈왕!〉을 하고 있습니다.
"우리나라에서 가장 오래된 화산섬은 어디일까요?"
제주도 아니면 울릉도일 거라고 생각했는데 정답은 독도입니다.
독도는 심해 약 2,000미터에서 분출한 용암이 굳어 형성된 해저 화산이라고 합니다.
나이도 무척 많아 약 460만 년 전부터 생성되기 시작했다고 해요.
제주도와 울릉도도 화산섬이긴 하지만, 제주도는 독도보다 약 340만 년,
울릉도는 약 250만 년 늦게 태어났다고 합니다.
생긴 걸로만 보면 가장 크기가 작은 독도가 영락없이
막내일 것 같은데 실은 큰형님인 거죠.
겉모습만 보고 판단한 내 예상이 완전히 빗나갔지 뭐예요!
그런데 갑자기 화면 아래로 속보가 떴어요.
'일본 후쿠오카에서 진도 7의 지진 발생.'

(다음 지문에서 계속)

◑ 빈칸에 알맞은 낱말을 왼쪽 글의 주황색 낱말 중에서 찾아 써 보세요.
잘 모를 땐 💡를 보거나, ❶~❸에서 골라 쓰세요.

1 북대서양의 심 해 에서 가라앉았던 타이태닉호가 발견되었답니다.

💡 한자로 '깊은 바다'라는 뜻이에요.

❶ 심란 ❷ 심신 ❸ 심해

2 화산이 터질 때 나온 용암과 재가 쌓여서 이루어진 섬을 　　　 이라고 해요.

💡 우리나라에서는 제주도, 울릉도, 독도가 이것으로 유명해요.

❶ 화산섬 ❷ 화장실 ❸ 화들짝

3 지구 온난화가 계속되면 바다 밑에 묻혀 있는 가스가 　　　 될 염려도 커지지요.

💡 한자로 '뿜어 나오다'라는 뜻이에요.

❶ 분유 ❷ 분출 ❸ 분필

4 독도 주변에는 　　　 자원이 아주 풍부하지요.

💡 한자로 '바다 밑'이라는 뜻이에요.

❶ 해저 ❷ 주저 ❸ 수저

5 하와이의 킬라우에아 화산은 지금도 활동을 하기 때문에 붉은 　　　 이 바다까지 흘러 내려와 연기가 나는 모습을 볼 수 있습니다.

💡 화산이 터질 때 흘러나온 물질이지요.

❶ 간암 ❷ 위암 ❸ 용암

6 우주의 　　　 과정에 대한 이론으로는 빅뱅설이 가장 널리 알려져 있어요.

💡 한자로는 '생겨나거나' '생겨 이루어지는' 것을 가리켜요.

❶ 풍성 ❷ 왕성 ❸ 생성

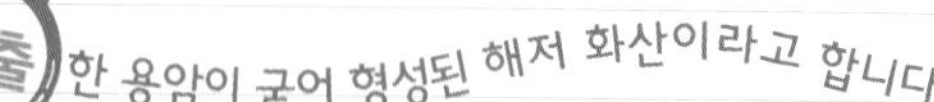

소방관 아저씨들은 불을 끄기 위해 소방 호스를 사용하지.
물탱크에 담겨 있던 물이 좁은 소방 호스를 통해
한꺼번에 뿜어져 나오는 것이 '분출'이야.
액체나 기체뿐만이 아냐. 사람의 마음도 그래.
꾹꾹 참고 있던 감정이 밖으로 터져 나오는 것도 분출이야.
이렇듯이 분출은 안에 꽉 차 있는 무언가가 강한 힘으로
밖으로 뿜어져 나오는 것이란다.

소방 호스를 통해 뿜어져 나오는 물.

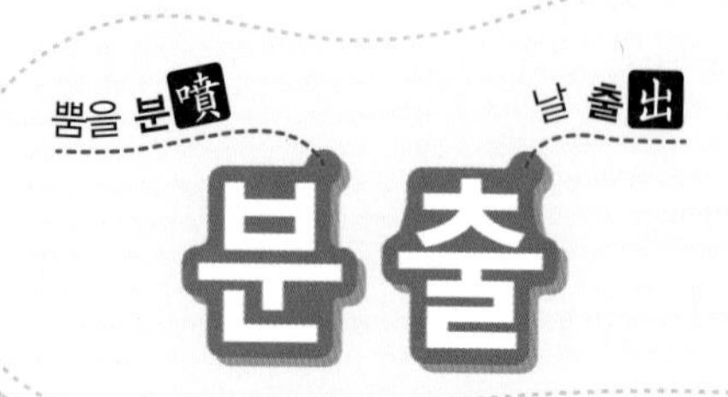

날 뿜어【噴】 나옴【出】.
교 액체나 기체가 세차게 뿜어 나오는 것. 마음에 참고 있던 감정이 터져 나오는 것.
예 가스의 분출로 큰 소동이 벌어졌다.

날 은 낱글자 풀이,
교 는 교과서의 뜻이야!

화산 폭발도 분출의 일종인데, 땅속 깊은 곳에서 부글부글 끓고 있는 마그마가 땅 밖으로 뿜어져 나오는 것이지.
이때 뜨거운 마그마가 솟아 나오는 구멍이 바로 '분화구'란다.

날 불【火】을 뿜는【噴】 구멍【口】.
교 화산이 터질 때 용암, 가스, 수증기 따위를 내뿜는 구멍.
예 만장굴은 분화구에서 흘러넘친 용암이 바닷가로 흘러내리면서 만들어진 동굴이다.

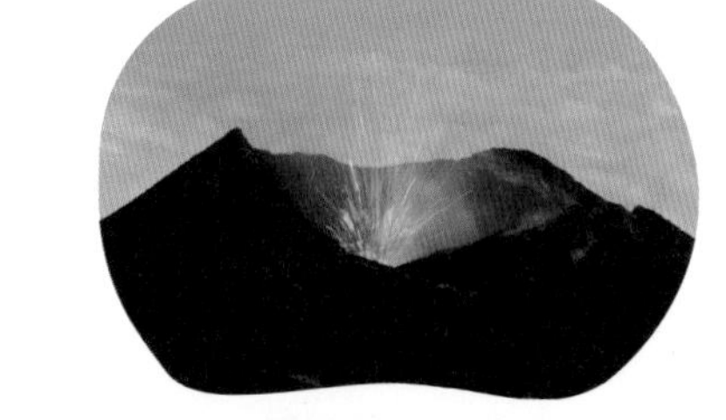
마그마를 내뿜고 있는 분화구.

화산이 강렬하게 폭발하면 분화구의 주변이 꺼져 내리거나 파이면서
우묵한 곳이 생기는데, 이것을 칼데라라고 하지.
칼데라에 물이 고여 생긴 호수는 '칼데라 호(湖)'라고 한단다.

날 교 화산이 폭발할 때 분화구 둘레가 꺼져 내리거나 파이면서 생긴 우묵한 곳에 물이 고여 생긴 호수.
예 백두산 천지는 칼데라 호이다.

백두산 천지.

빈칸에 알맞은 낱말을 〈보기〉에서 골라 써 보세요.

〈보기〉 분화구, 분출

- 마그마가 땅을 뚫고 솟아 나오는 구멍이 ❶ ______ 란다.
- 슬프거나 화나는 감정을 건전한 방법으로 ❷ ______ 하는 것이 정신 건강에 좋아.

'뿜는다'는 뜻의 '분(噴)'이 사용된 다른 낱말을 알아 보자.

집 앞 공원에 '노래하는 분수대'가 새로 생겼어.
음악 소리에 따라 물줄기가 바뀌는데,
마치 음악에 맞추어 춤을 추는 것 같아.
색색의 조명이 물줄기와 어우러진 모습은 한 폭의 그림 같아.
누군가가 분수대 안에서 고운 무지갯빛 물감을
하늘로 분사하는 것 같은 착각마저 든다니까.
분무기로 색동 물감을 뿌려 놓은 것 같은 물안개 역시 환상이지.

조명과 어우러진 분수대의 물줄기.

낱 교 물【水】을 내뿜는【噴】 설비. 또는 내뿜는【噴】 물【水】.

좁은 구멍을 통하여 물을 위로 세차게 내뿜거나 뿌리도록 만든 시설을 '분수'라고 해. 분수대라고도 하지. 큰 공원이나 광장 한가운데에 설치되어 있는 경우가 많아.

예 시원스럽게 내뿜는 분수를 보니 더위가 한결 가신다.

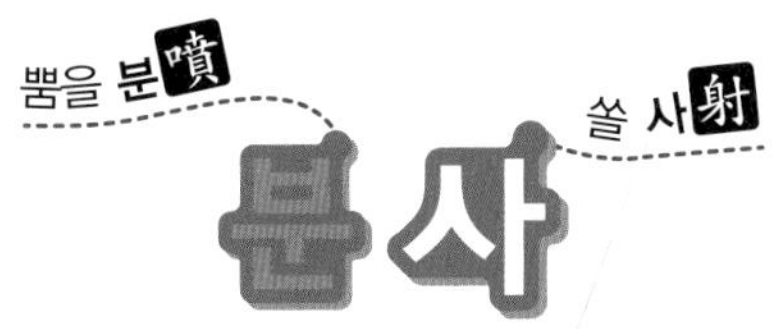

낱 교 활을 쏘듯이【射】 세차게 내뿜음【噴】.

'분사'는 액체나 기체 따위를 힘차게 내뿜는 것을 뜻해. 제트기는 연료를 태운 가스를 분사하여 그 힘으로 앞으로 나아간단다.

예 모터가 달린 자동식 분무기가 물을 세차게 분사하고 있다.

힘차게 솟아 오르는 로켓.

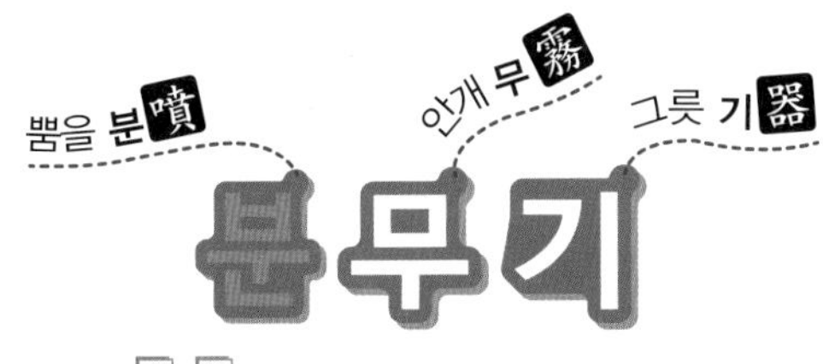

낱 교 안개【霧】처럼 내뿜는【噴】 기구【器】.

'분무기'는 물과 같은 액체를 안개처럼 뿌려 주는 도구야. 식물에 골고루 물을 뿌려 줄 때, 농약을 뿌릴 때, 간혹은 물감을 뿌릴 때도 사용해.

예 다림질할 천에 분무기로 물을 뿌렸다.

빈칸에 알맞은 낱말을 〈보기〉에서 골라 써 보세요.

〈보기〉 분수, 분사

- 깔끔한 페인트칠을 원한다면 붓질보다는 페인트를 ❶ ______ 하는 게 더 나아요.
- 청계 광장 앞의 ❷ ______ 는 시원한 물을 청계천으로 뿜어낸다.

한자의 뜻과 유래에 대한 설명을 읽고, 한자를 익혀 보세요.

噴

1급

뿜을 분

총 15획 | 부수 口, 12획

'입 구(口)'와 '클 분(賁)'이 합쳐져 만들어진 글자야. 입【口】 속에 든 액체를 크게【賁】 뿜어내는 걸 말하지. '클 분(賁)'은 세상에 널린 많은 풀【卉】처럼 재물【貝】을 크게 모으는 거란다.

한자 암기카드

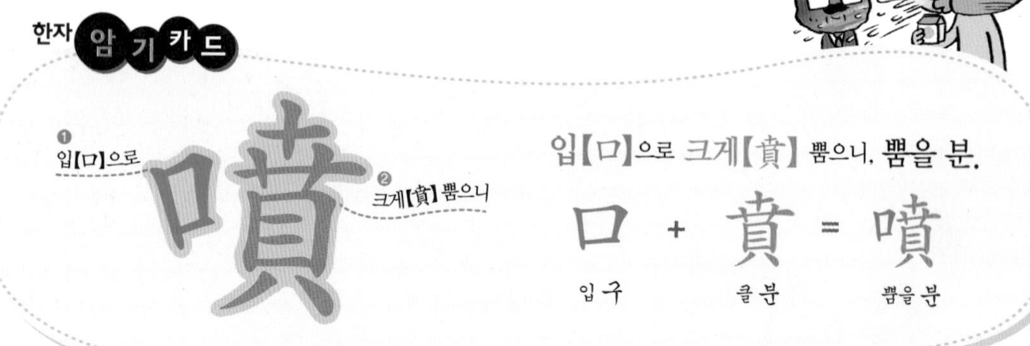

憤

4급

분할 분

총 15획 | 부수 忄, 12획

마음【忄】이 크게【賁】 분하니, 분할 분(憤).
'마음 심(忄)'과 '클 분(賁)'이 만나 이루어진 글자야.
마음이 크게 상할 때는 분한 생각이 들지.
분한 생각이 들 때는 마음 속에 담아 두지 말고 밖으로 표현해야 해.
속에 담아 두고 있으면 병이 되거든.
마음 속의 분한 감정을 성내며
밖으로 표현하는 것을 '분노'라고 하지.

'한자 암기카드'를 보고 빈칸에 들어갈 말을 써 보세요.

❶ (　)【口】으로 ❷ (　)(　)【賁】 뿜으니, 뿜을 분(噴).

噴의 뜻은 (뿜)(다) 이고, 음은 ❸ (　) 입니다.

噴의 어원을 생각하면서 필순에 따라 써 보세요.

噴	噴	噴	噴	噴			

1

❶~❸에서 사다리를 타면 같은 색의 빈칸이 나와요.
❶~❸의 뜻에 맞는 낱말이 되도록 빈칸에 알맞은 글자를 쓰세요.

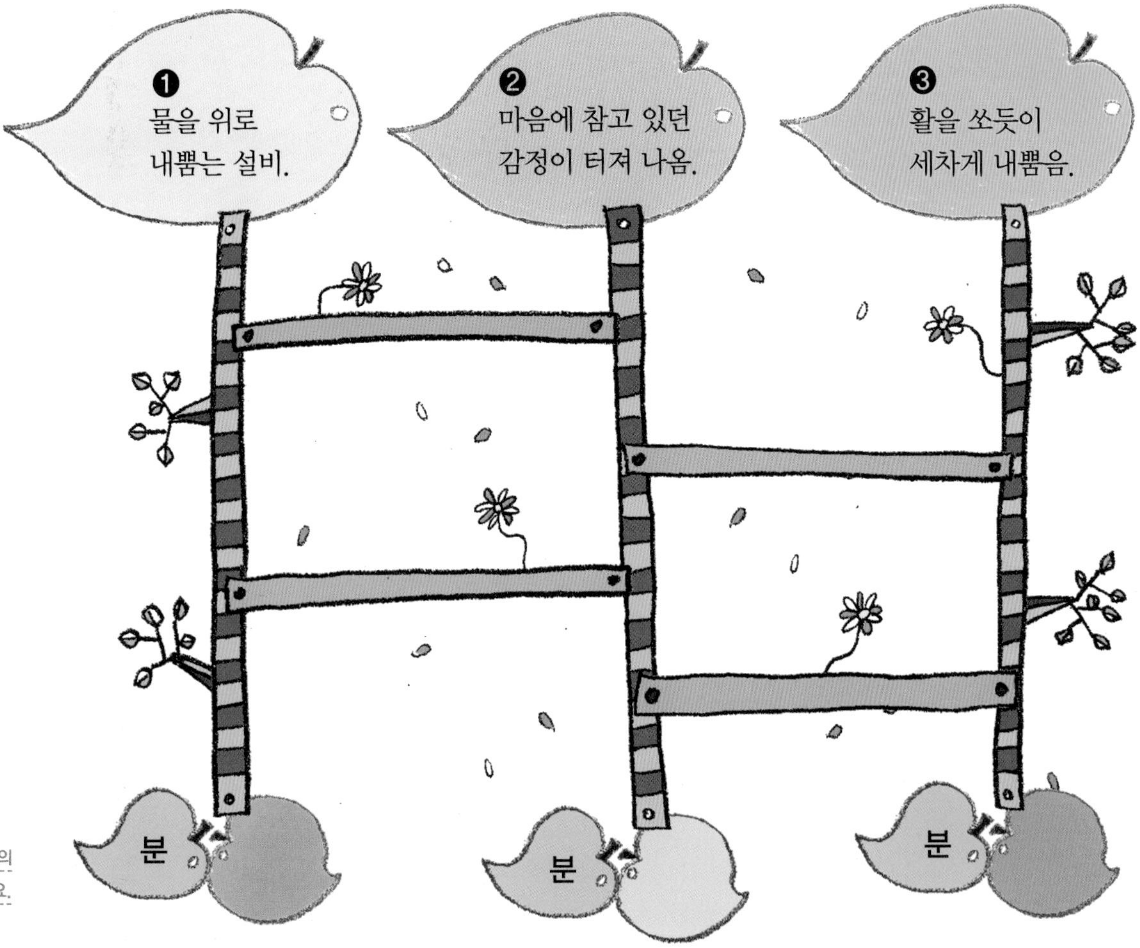

❶ 물을 위로 내뿜는 설비.

❷ 마음에 참고 있던 감정이 터져 나옴.

❸ 활을 쏘듯이 세차게 내뿜음.

분 ☐ / 분 ☐ / 분 ☐

사다리 타기가 어려우면 같은 색의 빈칸을 찾아가세요.

2

양쪽 한자에 공통으로 들어 있는 글자를 ❶~❹에서 고르세요.

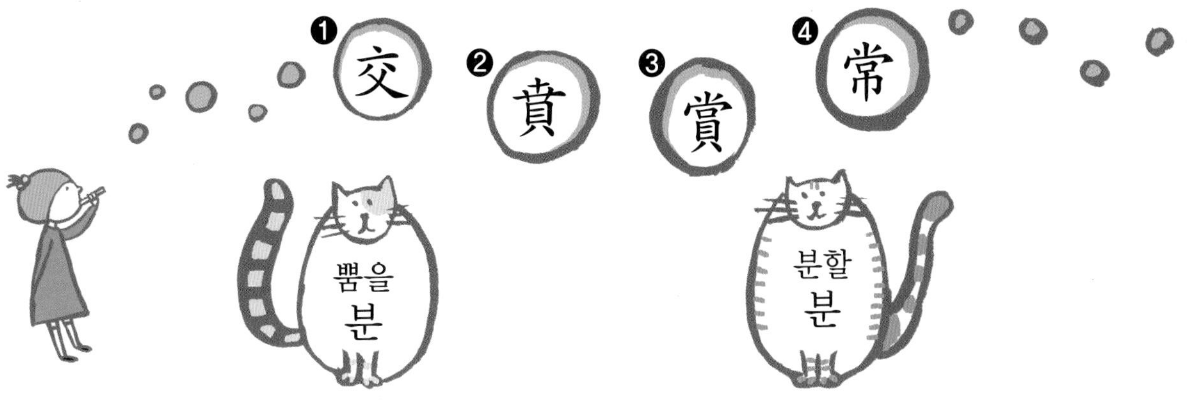

화산이 터질 때 분화구에서 분출한 마그마가 '용암'이란다.
마그마는 지하 깊은 곳에서 암석 물질이 녹아
부글부글 끓고 있는 걸쭉한 액체야.
마그마가 땅 위로 뿜어져 나온 것도 용암,
마그마가 차갑게 식어서 바위가 된 것도 용암이야.

낱 녹은【鎔】 바위【巖】.
교 마그마가 화산의 분화구에서 분출한 것, 또는 그 마그마가 식어 굳어져서 생긴 암석.
예 화산이 폭발하면서 용암과 연기를 분출해 주민 수천 명이 대피했습니다.

낱 교 화산【火】 활동으로 이루어진【成】 바위【巖】.

마그마가 식어 이루어진 암석을
통틀어 '화성암'이라고 해.
화강암과 현무암은 모두 화성암의 일종이란다.

예 마그마가 굳을 때의 환경에 따라 화성암은 여러 종류로 나뉜다.

낱 검고【玄】 단단한【武】 바위【巖】.

땅 밖으로 흘러나온 마그마가 급히 식어
바위가 된 것이 '현무암'이야. 겉표면에 있는 크고 작은
구멍은 수증기가 빠져나가면서 생긴 자국이란다.

예 제주도의 돌하르방은 현무암으로 만들어졌다.

교 마그마가 깊은 땅속에서 천천히 굳은 돌.

마그마가 땅속 깊은 곳에서 서서히 굳어지면서
바위가 된 것이 '화강암'이야. 알갱이가 크고
단단하며 무늬가 꽃처럼 예쁘단다.

예 화강암은 단단하고 아름다워 비석의 재료로 쓰인다.

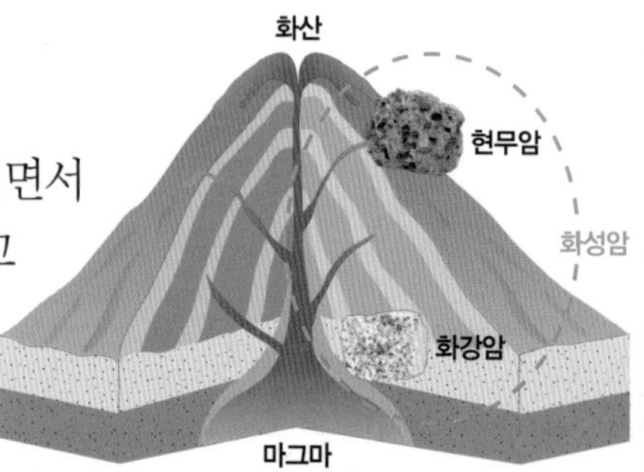

화산 활동으로 생긴 바위.

쏙쏙 문제

빈칸에 알맞은 낱말을 〈보기〉에서 골라 써 보세요.

〈보기〉 화강암, 현무암

- ❶ ( ) 은 땅 밖으로 흘러나온 마그마로 이루어졌는데 구멍이 숭숭 뚫려 있어요.
- 마그마가 땅속 깊은 곳에서 굳어진, 꽃처럼 예쁜 무늬의 암석이 ❷ ( ) 이에요.

제 2 일차

화산이 터지는 것처럼 불을 일으킬 수 있는 물체나 물질이 매우 큰 힘을 내며 갑자기 터지는 것을 '폭발'이라고 해. 폭발에 쓰인 '폭(爆)'은 불【火】이 사납게【暴】 터진다는 뜻의 '터질 폭(爆)'이야. '폭소(爆笑)'에도 '터질 폭(爆)'을 사용하지.

낱 터져【爆】 일어남【發】.
교 불이 일어나며 갑작스럽게 터짐.
예 여객기 폭발 사고로 비행기 이용자가 감소했다.

'터질 폭(爆)'에서 불【火】을 빼면 '사나울 폭(暴)'이야.
'사나울 폭(暴)'을 사용하는 어휘를 살펴보자.

낱 교 사납게【暴】 불타는【炎】 것 같은 무더위.

사납게 여겨질 정도로 엄청난 더위를 '폭염'이라고 해.

예 폭염 주의보가 내려질 정도로 무더위가 기승을 부리고 있다.

낱 교 갑자기【暴】 많이 내리는 눈【雪】.

앞이 안 보일 정도로 갑자기 많이 내리는 눈이 '폭설'이야.

예 폭설로 인해 비행기 운행이 중단되었다.

낱 교 사나울【暴】 정도로 지나친 이익【利】.

지나치게 많이 남기는 부당한 이익을 '폭리'라고 해.

예 원가의 12배에 이르는 가격으로 폭리를 취하고 있다.

쏙쏙 문제

빈칸에 알맞은 낱말을 〈보기〉에서 골라 써 보세요.

〈보기〉 폭설, 폭리

- 해수욕장의 파라솔 대여점은 바가지 가격을 매겨 ❶ ______ 를 취하고 있다.
- 겨울 휴가를 보내러 강원도 산장에 놀러 왔다가 ❷ ______ 때문에 갇힌 신세가 되었다.

한자의 뜻과 유래에 대한 설명을 읽고, 한자를 익혀 보세요.

鎔

2급

녹일 용

총 18획 | 부수 金, 10획

'쇠 금(金)'과 '모양 용(容)'이 합쳐져 만들어진 글자야.
'용(容)'은 갓 쓴 할아버지의 얼굴 모양을 본뜬 글자지. 머리에는 갓【宀】이, 그 아래로는 수염【八】과 입【口】이 있는, 영락없는 할아버지 얼굴 모양【容】이야.
그래서 쇠【金】로 원하는 모양【容】을 만들기 위해서 녹이니 '녹일 용(鎔)'이 되는 거란다.

한자 암기카드

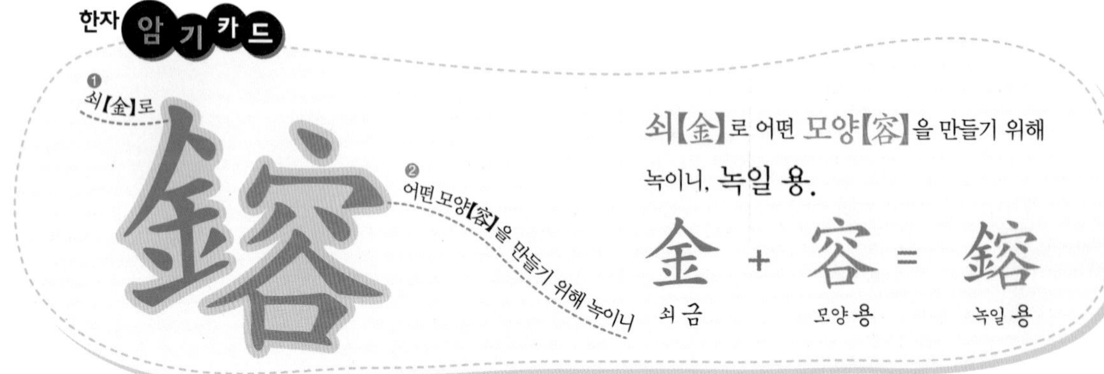

溶

2급

녹을 용

총 13획 | 부수 氵, 10획

물【氵】 모양【容】으로 녹으니, 녹을 용(溶).
녹인다는 뜻의 글자가 또 있어. 바로 '녹을 용(溶)'이야.
녹여서 액체가 되는 경우에 사용한단다.
물【氵】 모양【容】으로 녹는다는 데서 '녹을 용(溶)'이란다.

녹는 과정은 용해,
녹은 뒤의 액체는
용액이야.

낱 교 물질이 액체 속에서 녹아【溶】 풀어짐【解】.
예 물에 잘 용해되는 가루약.

낱 교 물질이 녹아서【溶】 섞인 액체【液】.
예 요오드 용액을 녹말에 떨어뜨리니 보라색으로 변했다.

'한자 암기카드'를 보고 빈칸에 들어갈 말을 써 보세요.

❶ ( )【金】로 어떤 ❷ ( )【容】을 만들기 위해 녹이니, 녹일 용(鎔).
鎔의 뜻은 녹 이 다 이고, 음은 ❸ ( ) 입니다.

鎔의 어원을 생각하면서 필순에 따라 써 보세요.

鎔 鎔 鎔 鎔 鎔 鎔 鎔 鎔 鎔 鎔 鎔 鎔 鎔 鎔 鎔 鎔 鎔 鎔

鎔	鎔	鎔	鎔	鎔			

1 '폭'으로 시작하는 낱말 네 개가 그림 속에 들어 있어요.
❶~❹의 뜻에 맞는 낱말이 되도록 빈칸에 글자를 쓰세요.

빈칸에 들어갈 글자는 리, 설, 염 가운데 하나입니다.

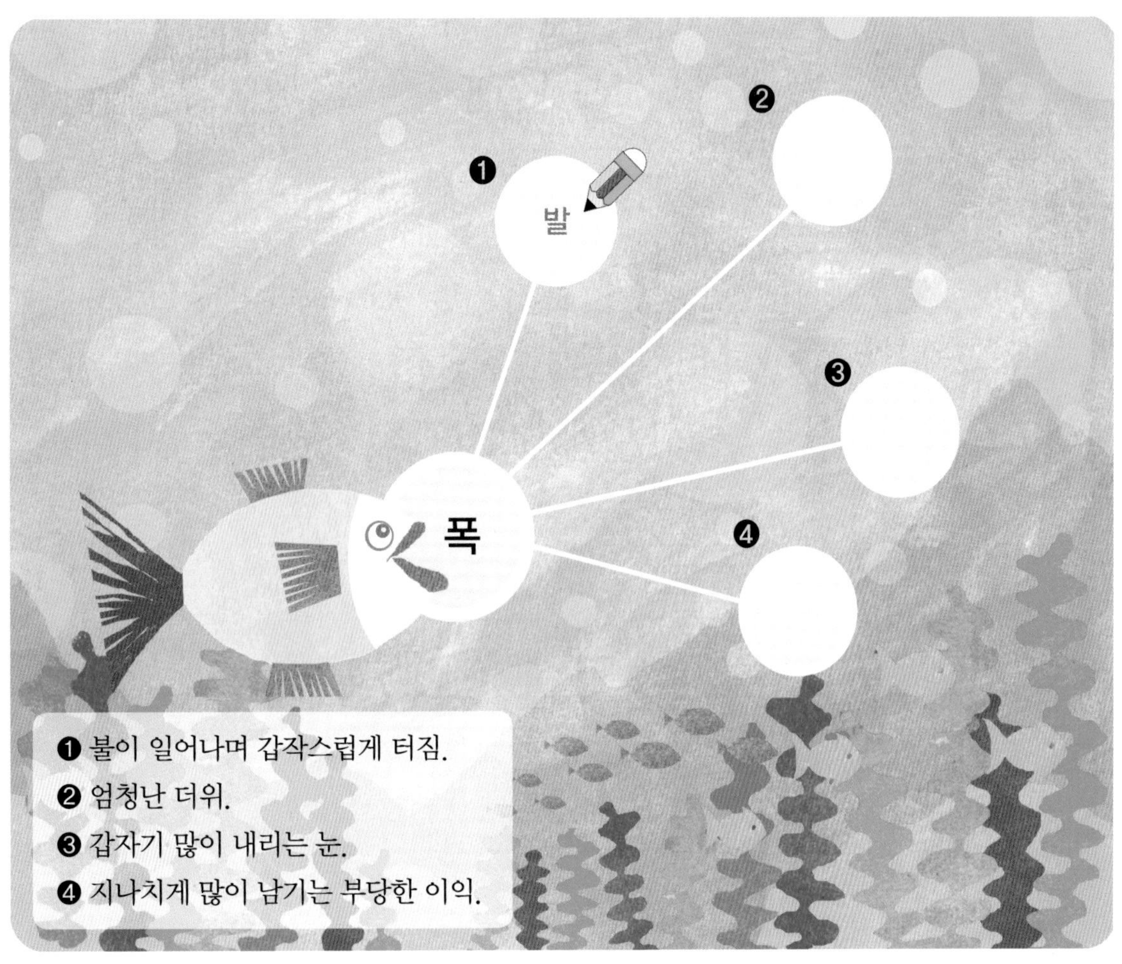

2 <보기>의 한자를 완성하려면 어떤 길로 가야 할지 알맞은 글자를 따라 선을 긋고,
완성된 한자를 빈칸에 쓰세요.

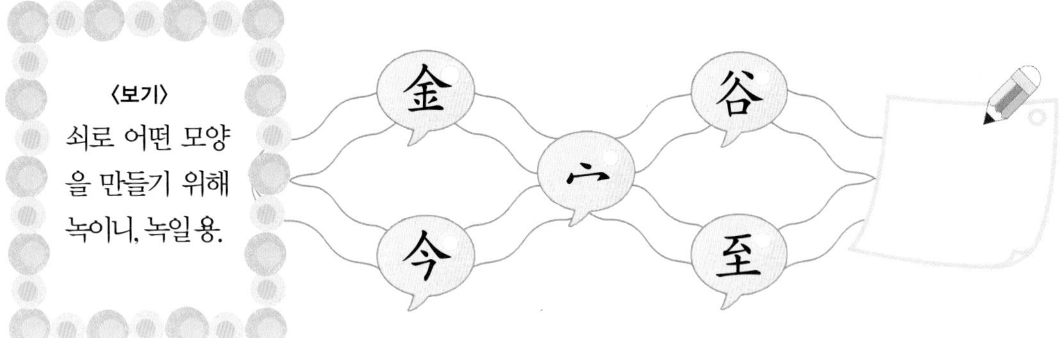

푸지다

'스타의 요리 솜씨'
시간입니다!

오늘 모신 손님은 신인 댄스 그룹,
'영떡스 클럽'입니다!
예 예~!!

자, 솜씨로 보여 주실
요리가 뭔가요?

저희는 각자 좋아하는
샌드위치를 만들어 보겠습니다.

오, 세 분의 취향에 따른
3인 3색의 샌드위치, 기대되는군요!!
따다다닥
지글 지글

자, 완성됐습니다1
흰 송편은
햄 치즈 샌드위치!!
분홍 송편은
야채 과일 샌드위치!!

오오~
정말 맛있어
보이는데요?!
무슨 소리!

음식은 뭐니 뭐니 해도 이렇게
푸지게 담겨 있어야 맛나 보이죠!
쑥송편 군의 있는 재료
몽땅 넣은 샌드위치!!

그런데
'푸지게'라는
말이 무슨 뜻?

'푸지다'는 먹을 것이 매우 많아서 넉넉하다는 뜻이죠.
잔칫상이
푸지네!

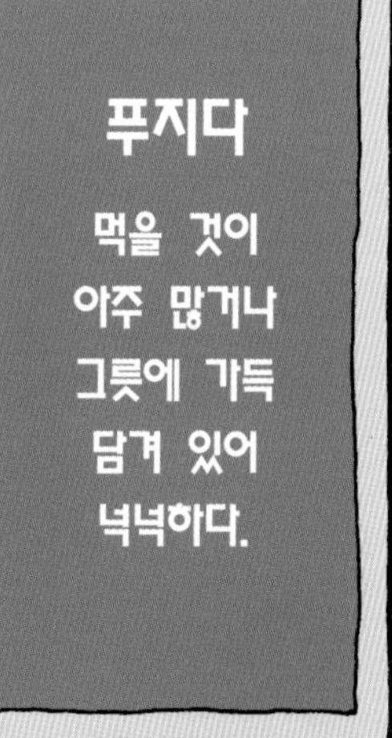
푸지다
먹을 것이
아주 많거나
그릇에 가득
담겨 있어
넉넉하다.

이제 맛을 보는
시식 시간이 되겠습니다.
어디 하나 맛 좀…….

이렇게 하나인데요?
전 하나라도 푸지게 먹죠!
하압!

교과서 학습 어휘 02

◑ 글 속의 주황색 낱말들은 무슨 뜻일까요? 잘 생각하면서 다음 글을 읽어 보세요.

어, 후쿠오카라면 아빠가 출장 가신 곳입니다.
일본의 지진 소식을 좀 더 자세히 알고 싶어서 뉴스 전문 방송을 들었습니다.
진도 7의 강한 지진이 후쿠오카를 강타했다고 합니다.
지진의 진동으로 인하여 인근의 도로가 휘어졌습니다.
둑이 무너져 범람한 강물에 자동차들이 떠내려가고 있습니다. 피해가 아주 커 보입니다.
그런데 일본에만 지진이 난 게 아닙니다.
후쿠오카와 가까운 부산과 경남에서도 지진이 발생했다고 합니다.
헉! 엄마가 여행 가신 곳이 바로 부산입니다.
아빠는 후쿠오카에, 엄마는 부산에. 이를 어떡하죠?
이때 전화벨이 울렸습니다.
“여보세요! 아빠, 괜찮아요?”
“그래, 안전한 곳으로 대피했단다. 걱정 마라.”
아빠 전화를 끊자마자 또 전화벨이 울렸습니다.
“여보세요! 엄만데…….”

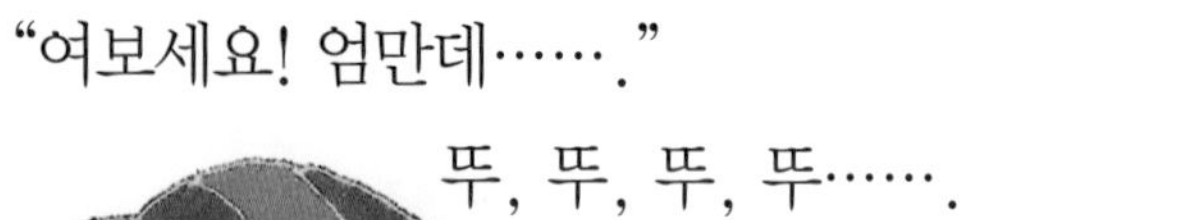

뚜, 뚜, 뚜, 뚜…….
“어? 엄마, 엄마!”
전화가 끊겨 버렸습니다.
엄마는 과연 무사하신 걸까요?

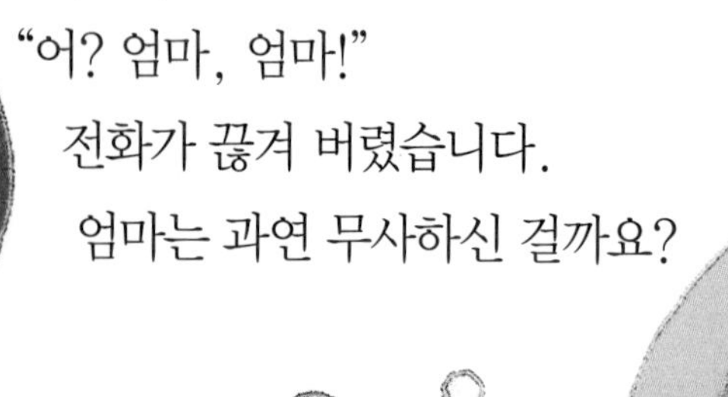

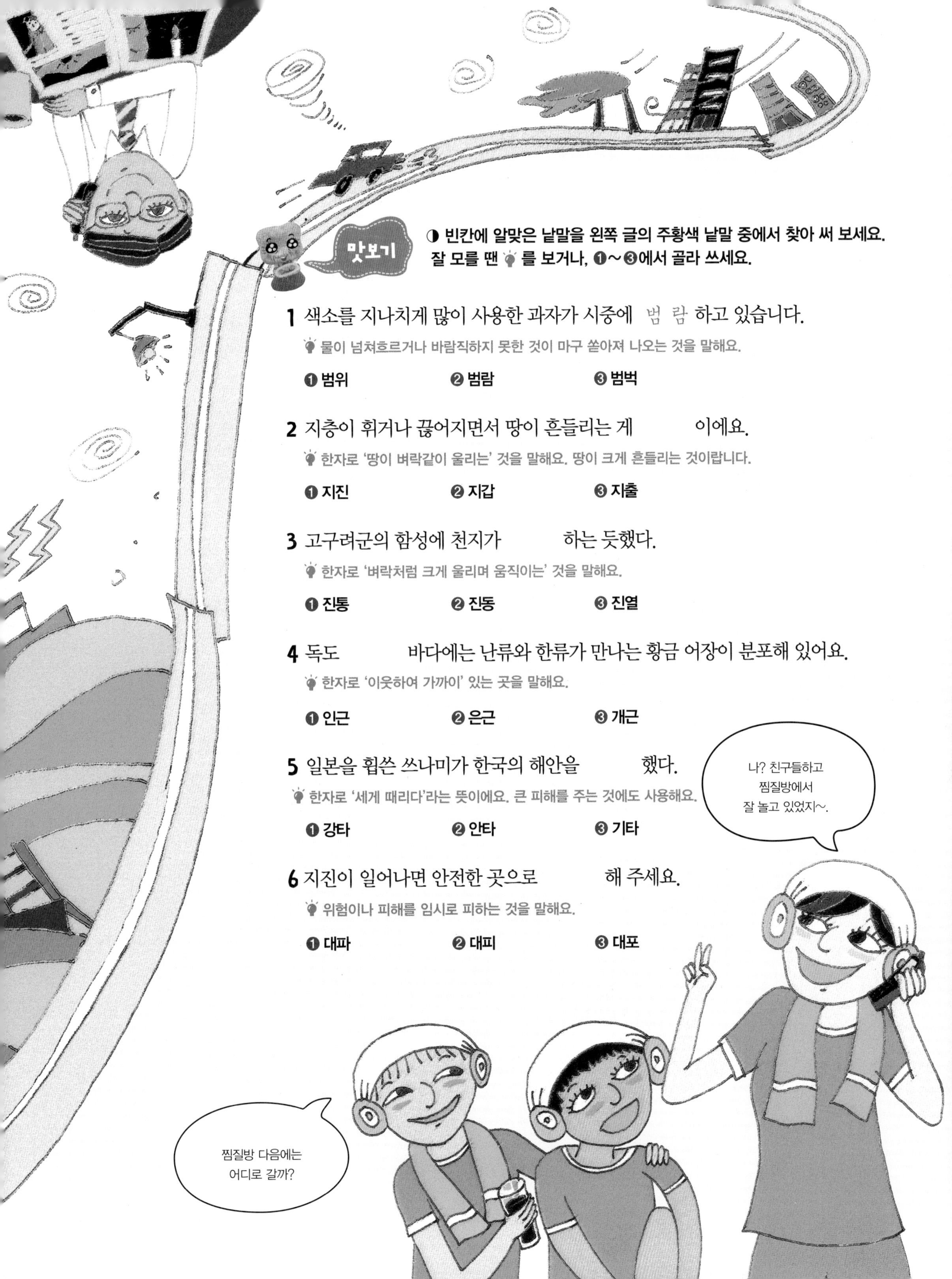

◑ 빈칸에 알맞은 낱말을 왼쪽 글의 주황색 낱말 중에서 찾아 써 보세요.
잘 모를 땐 💡를 보거나, ❶~❸에서 골라 쓰세요.

1 색소를 지나치게 많이 사용한 과자가 시중에 범 람 하고 있습니다.

💡 물이 넘쳐흐르거나 바람직하지 못한 것이 마구 쏟아져 나오는 것을 말해요.

❶ 범위 ❷ 범람 ❸ 범벅

2 지층이 휘거나 끊어지면서 땅이 흔들리는 게 ______ 이에요.

💡 한자로 '땅이 벼락같이 울리는' 것을 말해요. 땅이 크게 흔들리는 것이랍니다.

❶ 지진 ❷ 지갑 ❸ 지출

3 고구려군의 함성에 천지가 ______ 하는 듯했다.

💡 한자로 '벼락처럼 크게 울리며 움직이는' 것을 말해요.

❶ 진통 ❷ 진동 ❸ 진열

4 독도 ______ 바다에는 난류와 한류가 만나는 황금 어장이 분포해 있어요.

💡 한자로 '이웃하여 가까이' 있는 곳을 말해요.

❶ 인근 ❷ 은근 ❸ 개근

5 일본을 휩쓴 쓰나미가 한국의 해안을 ______ 했다.

💡 한자로 '세게 때리다'라는 뜻이에요. 큰 피해를 주는 것에도 사용해요.

❶ 강타 ❷ 안타 ❸ 기타

6 지진이 일어나면 안전한 곳으로 ______ 해 주세요.

💡 위험이나 피해를 임시로 피하는 것을 말해요.

❶ 대파 ❷ 대피 ❸ 대포

돋보기1 지진의 진동으로 인하여 인근의 도로가 휘어졌습니다

지구 내부에서 일어난 급격한 움직임이
땅의 표면에까지 전달되며 일어나는 현상이 '지진'이란다.
지구의 겉 부분을 이루고 있는 거대한 판들이
서로 부딪치거나 비껴날 때
지층과 암석이 휘거나 부러지면서 발생하기도 하고
화산이 폭발하면서 에너지를 방출할 때 발생하기도 해.

지진으로 인해 갈라진 땅.

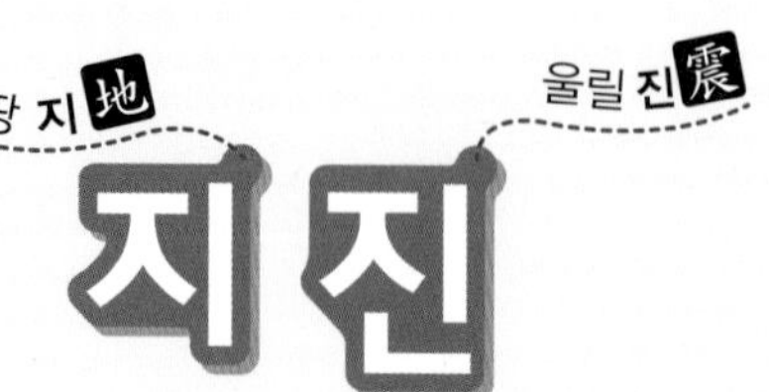

날 땅【地】의 울림【震】.

교 지구 내부의 물질이 급격히 변동하며 땅의 표면이 흔들리는 현상.

예 지진에 견딜 수 있도록 튼튼하게 지은 건물입니다.

지진으로 인한 흔들림의 출발지는 '진원', 도착지는 '진앙'이라고 해.
지구 내부에서 지진이 발생한 지점이 진원이야. 지진이 시작되는 곳이지.
진원 바로 위의 지표상의 지점이 진앙이야. 진원이 수직으로 지표면과 만나는 곳이지.

날 지진【震】의 근원【源】.

교 최초로 지진파가 발생한 지역.
사건이나 소동 따위를 일으킨 근원.

예 진원을 파악하기 위한 조사에 착수했다.

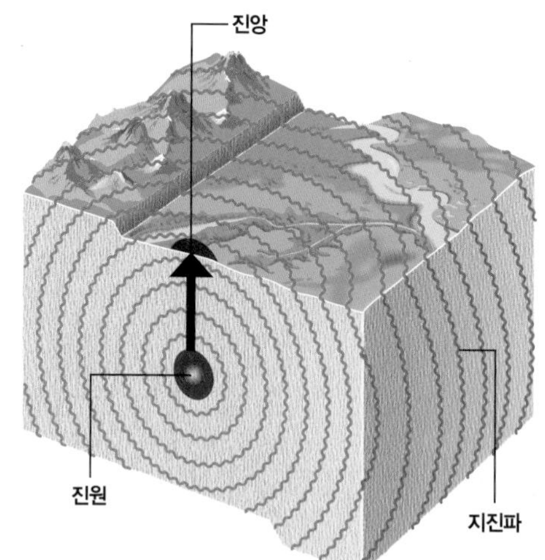

날 지진【震】의 한가운데【央】.

교 진원이 지표면과 만나는 곳.

예 진앙은 지진의 피해가 가장 심한 곳이다.

쏙쏙 문제

빈칸에 알맞은 낱말을 〈보기〉에서 골라 써 보세요.

〈보기〉 진앙, 진원

• 지진의 흔들림이 가 닿는 지표면 위의 지점을 ❶ ( ) 이라고 해요.

• 지진의 흔들림이 시작되는 곳을 ❷ ( ) 이라고 해요.

'지진파'는 진원이나 진앙에서 사방으로 퍼지는 지진의 파동을 말해.
땅의 흔들림이 물결처럼 퍼져 나가는 거야.
지진파가 지나가면 땅이 갈라지고 다리가 끊기는 일들이 일어나지.
그런데 지진파의 속도는 음속보다 빠르기 때문에
짧은 순간의 지진에도 많은 사람이 피해를 입게 되는 거야.

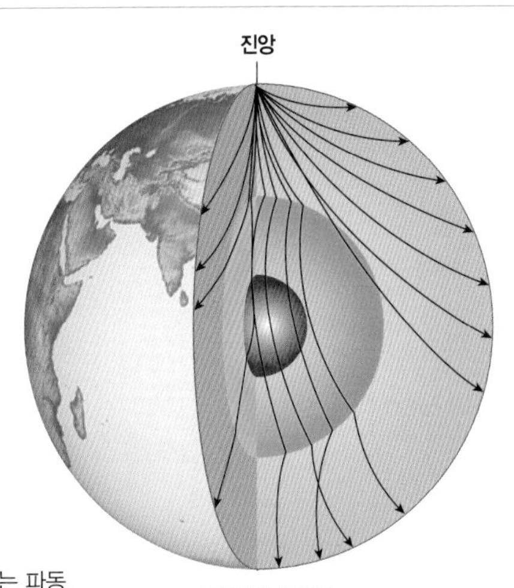

지진파의 움직임.

낱 지진(地震)의 물결【波】.
교 지진이 일어난 곳에서 다른 곳으로 퍼져 나가는 파동.
예 뱀은 120km 밖에 있는 지진파를 느낄 수 있다.

지진이 일어나면 땅이 진동하지. 마치 벼락【震】이 치듯이 말이야.
지진 때문에 벼락이 치는 것처럼 땅이 심하게 흔들리는 것은 벼락 진(震),
움직일 동(動)을 써서 '진동'이라고 해. 진동에는 작은 진동도 있는데
휴대 전화의 진동, 시동 거는 자동차의 진동, 추의 규칙적인 진동 같은 경우야.
이때의 '진'은 벼락 진(震)아니라 떨 진(振) 이란다.

낱 벼락【震】 같은 움직임【動】.
교 주로 지진으로 인한 지면의 흔들림. 몹시 심하게 흔들리는 것.
예 지진으로 땅이 진동하다.

낱 떨리는【振】 움직임【動】.
교 규칙적으로 흔들리거나 움직이는 것. 냄새가 심하게 나는 것.
예 휴대 전화를 진동 모드로 바꿔 주세요.

빈칸에 알맞은 낱말을 〈보기〉에서 골라 써 보세요.

〈보기〉 지진파, 진동

- 기백이 넘치는 그 함성이 천지를 ❶ ______ 하며 퍼져 나갔다.
- ❷ ______ 가 퍼져 나가는 속도는 소리의 속도보다 빠르다.

한자의 뜻과 유래에 대한 설명을 읽고, 한자를 익혀 보세요.

준3급

震

벼락 진

총 15획 | 부수 雨, 7획

'비 우(雨)'와 '별 진(辰)'이 만난 글자야.
번개가 치면 순간적으로 온 세상이 하얗게 반짝이지.
마치 커다란 별이 반짝이듯이 말이야.
비【雨】가 올 때 별【辰】처럼 번쩍이며 치는 것이 있으니
그것이 바로 벼락인 것이로세, 얼쑤!

한자 암기카드

준3급

辰

별 진

총 7획 | 부수 辰

'별 진(辰)'은 전갈자리 별 모양을
본떠서 만들었어.

전갈자리 별 모양을 본뜬 별 진.

준3급

振

떨칠 진

총 10획 | 부수 扌, 7획

손【扌】으로 만든 물건이 별【辰】처럼 빛나 이름을 떨치니, 떨칠 진(振).
'손 수(手)'가 글자의 변으로 쓰일 때의 모습인 '손수변(扌)'과 '별 진(辰)'이 만났어.
손으로 만든 물건이 별처럼 빛나듯 이름을 떨친다는 뜻이지.
별이 되어 이름을 떨친다니, 옛날에도 유명인을 하늘의 별 같은 스타라고 생각했나 봐.

'한자 암기카드'를 보고 빈칸에 들어갈 말을 써 보세요.

❶ ( )【雨】가 올 때 ❷ ( )【辰】처럼 번쩍이며 치는 것이니, 벼락 진(震).

震의 뜻은 (벼)(락) 이고, 음은 ❸ ( ) 입니다.

震의 어원을 생각하면서 필순에 따라 써 보세요.

震 震 震 震 震 震 震 震 震 震 震 震 震 震 震

震	震	震	震	震			

1 ❶~❹의 뜻을 가진 낱말이 되도록 거미 등의 빈칸에 알맞은 글자를 쓰세요.

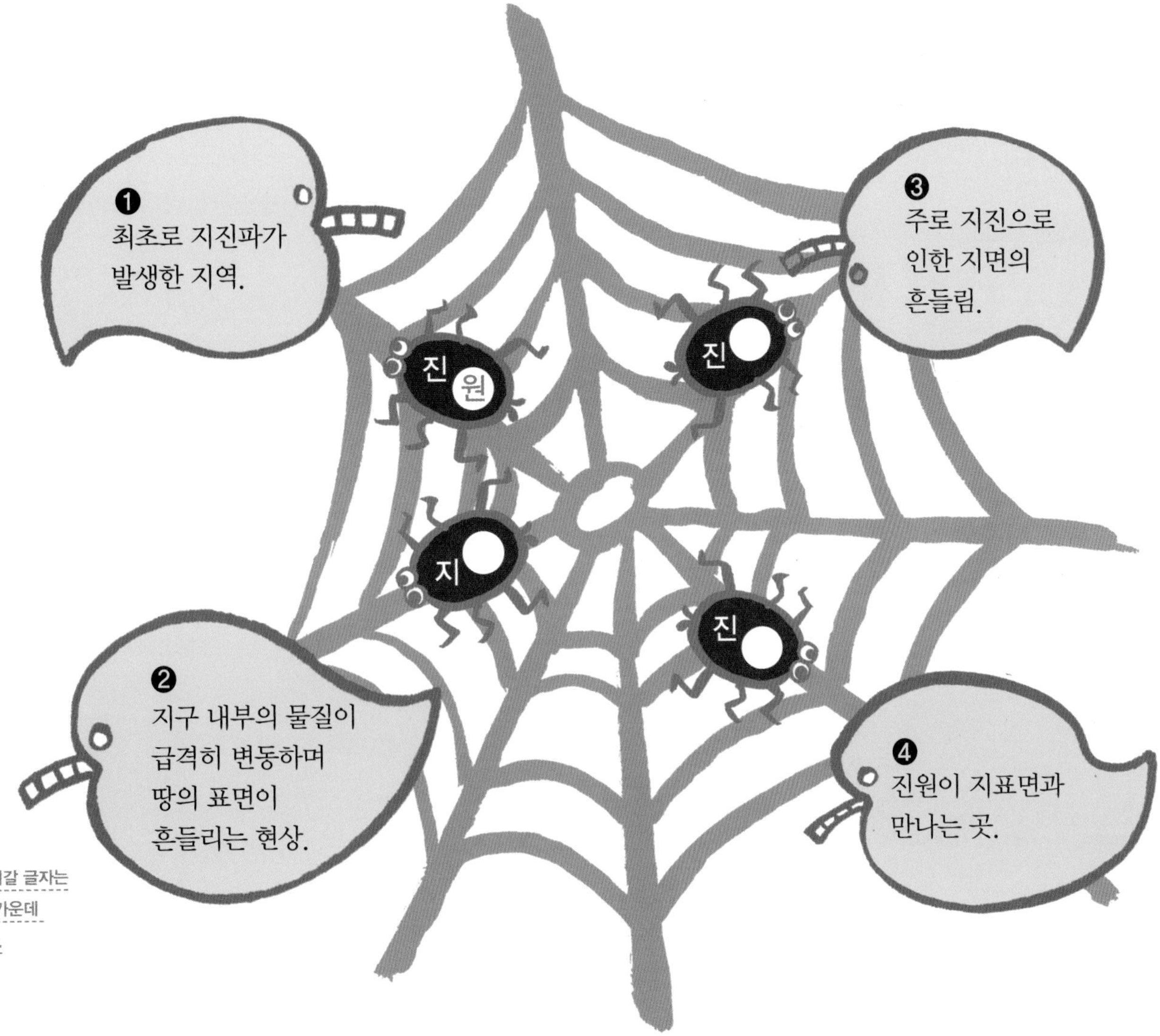

❶ 최초로 지진파가 발생한 지역.

❷ 지구 내부의 물질이 급격히 변동하며 땅의 표면이 흔들리는 현상.

❸ 주로 지진으로 인한 지면의 흔들림.

❹ 진원이 지표면과 만나는 곳.

진 원

지 ○

진 ○

진 ○

빈칸에 들어갈 글자는 앙, 진, 동 가운데 하나입니다.

2 〈보기〉의 한자를 완성하려면 어떤 글자 조각이 필요한지 ❶~❹에서 고르세요.

〈보기〉 비가 올 때 별처럼 번쩍이며 치는 것이니, 벼락 진.

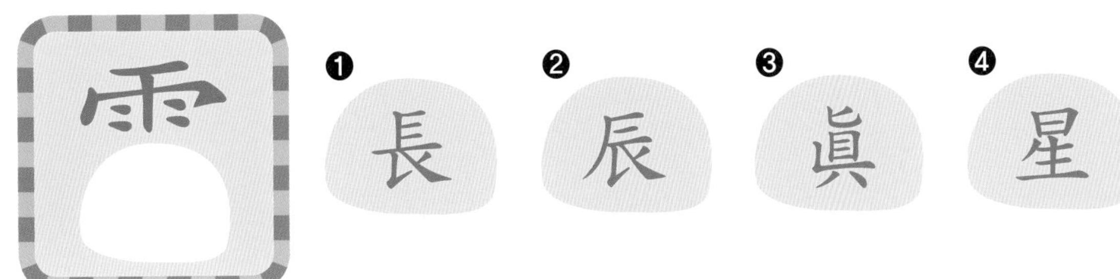

지진, 화산, 홍수처럼 사람의 힘으로 어쩔 수 없는 자연 현상으로 인해 강물이 흘러넘치는 것이 '범람'이란다.
넘치고【氾】 또 넘친다【濫】는 글자만 보더라도 얼마나 크게 넘치는지 알 수 있어.
또한 별로 좋지 못한 것이 여기저기 넘쳐 나는 것을 가리키기도 해.

낱 넘치고【氾】 또 넘침【濫】.
교 강물이 불어나 뭍으로 넘치는 것.
바람직하지 못한 것들이 마구 쏟아져 돌아다니는 것.
예 하천의 범람을 막기 위해 둑을 쌓다.

쓰나미를 표현한 일본의 옛 그림.

강물 뿐만 아니라 바닷물도 넘치곤 하는데, 그것은 '해일'이야.
지진, 화산 폭발, 태풍 등으로 평상시보다 큰 파도가 갑자기 육지를 덮치는 현상이지.
지진에 의한 해일은 특별히 '지진 해일(쓰나미)'이라고 해.
쓰나미(tsunami)는 속도가 빠르고 높은 데다 지속되는 시간도 길어서 그 피해가 몹시 심하단다.
왼쪽 그림은 쓰나미를 표현한 일본의 옛 그림이야.
후지 산을 당장이라도 집어삼킬 듯한 파도를 보렴.

낱 바닷물【海】이 넘쳐【溢】 일어나는 것.
교 바닷물이 크게 일어서 육지를 덮치는 현상.
예 바닷가의 오두막집이 해일에 휩쓸려 떠내려갔다.

낱 지진(地震)으로 인한 해일(海溢).
교 바다 밑에서의 급격한 지각 변동으로 발생하는 파장이 긴 해일. 쓰나미.
예 해안의 파도를 뜻하는 일본어 '쓰나미(tsunami)'가 '지진 해일'의 세계 공용어로 자리 잡았다.

빈칸에 알맞은 낱말을 〈보기〉에서 골라 써 보세요.

〈보기〉 범람, 해일

- 바닷가에 ❶ (　　) 이 밀어닥치자 사람들이 부리나케 대피했다.
- 홍수로 인한 강물의 ❷ (　　) 으로 논밭이 물에 잠겼어요.

지진이 특히 자주 일어나는 곳을 '지진대'라고 해.
그런 곳은 지구 상의 특정한 지역에 몰려 있어.
그래서 그런 지역을 연결하면 띠 모양의 분포를 보이지.
지진대는 활화산이 많은 지역과 거의 일치한단다.

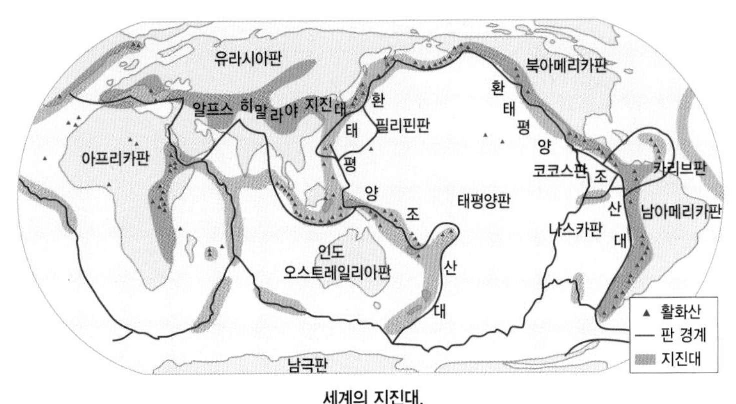

세계의 지진대.

낱 지진(地震)의 띠【帶】.
교 지진이 자주 일어나는 띠 모양의 지역.
예 우리나라는 환태평양 지진대에서 약간 비껴나 있다.

지진이나 화산이 자주 일어나는 지역은 갑작스럽게 지각이 흔들리는 경우가 많아.
그러면 땅을 이루고 있는 지층들이 그 힘에 의해 휘어지거나 끊어지게 되지.
휘어지는 것을 '습곡', 끊어지는 것을 '단층'이라고 해.

굽을 곡 曲

습곡

낱 교 지층이 주름【褶】져 휘어지는【曲】 현상.

지층이 압력을 받아 구부러진 거야.
아래위로 구불구불 주름져 휘어진 모양을 하고 있지.

예 습곡은 층으로 이뤄진 암석에서 눈에 잘 띕니다.

낱 교 지층【層】이 끊어져【斷】 움직인 것.

지각 변동으로 생긴 틈을 따라서 지층이 이동한 것을 말해.
층이 끊어져 움직인 거지.

예 단층 운동으로 커다란 땅덩어리가 움직일 때는 산사태를 동반하기도 합니다.

빈칸에 알맞은 낱말을 〈보기〉에서 골라 써 보세요.

〈보기〉 습곡, 단층

- 무지개는 색깔의 층들이 둥그렇게 굽어 있는 것이 마치 ❶ ______ 을 보는 것 같아요.
- ❷ ______ 을 쉽게 볼 수 있는 곳은 지대가 불안정하므로 발전소를 세우면 위험하죠.

한자의 뜻과 유래에 대한 설명을 읽고, 한자를 익혀 보세요.

濫

3급

넘칠 람

총 17획 | 부수 氵, 14획

아무리 물을 부어도 독에 물이 차지 않자
콩쥐는 정말 막막했어.
알고 보니 밑이 빠진 독이었지.
하지만 두꺼비가 나타나 독의 구멍을 막아 주었어.
물【氵】은 금세 독 위에까지 차오르더니
밖에서 보일【監】 정도로 넘쳤단다.

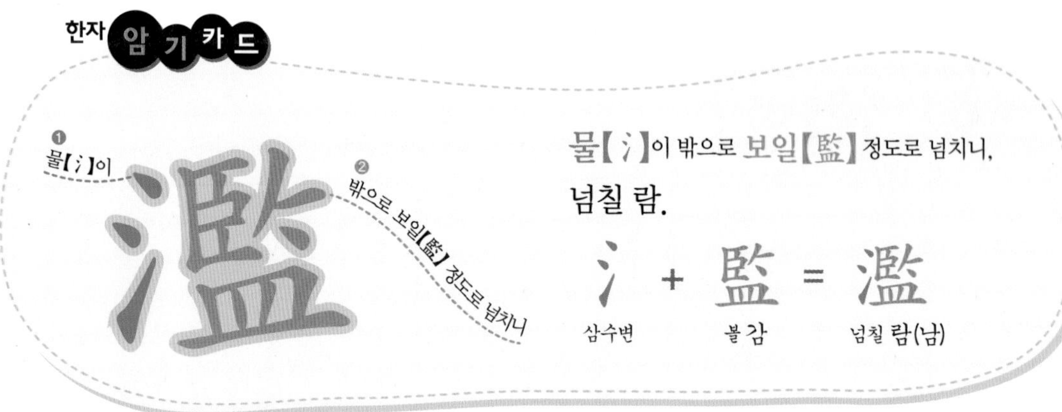

물【氵】이 밖으로 보일【監】 정도로 넘치니,
넘칠 람.

氵 + 監 = 濫
삼수변 볼 감 넘칠 람(남)

監

준4급

볼 감

총 14획 | 부수 皿, 9획

엎드려【臥】 물【一】을 담은 그릇【皿】에 얼굴을 비춰 보니, 볼 감(監).
옛날에는 거울이 아주 귀했어.
그래서 그릇에 물을 담아 거기에 얼굴을 비춰 봤단다.
사람이 엎드려서【臥】 물【一】을 담은 그릇【皿】에 얼굴을 비춰 보니 '볼 감(監)'이야.
'엎드릴 와(臥)'는 임금 앞에 엎드린 사람을 본떠 만들었어.
신하【臣】처럼 사람【人】이 엎드리니 '엎드릴 와(臥)'가 되는 거란다.

'한자 암기카드'를 보고 빈칸에 들어갈 말을 써 보세요.

❶ ( )【氵】이 밖으로 ❷ ( )【監】 정도로 넘치니, 넘칠 람(濫).

濫의 뜻은 넘 치 다 이고, 음은 ❸ ( ) 입니다.

濫의 어원을 생각하면서 필순에 따라 써 보세요.

濫	濫	濫	濫	濫			

1 ❶~❸의 뜻을 찾아 길에 줄을 그으세요.

❶ 습곡

❷ 단층

❸ 범람

지층이 주름져 휘어진 것.

강물이 불어나 뭍으로 넘치는 것.

지각 변동으로 지층이 끊어져 움직인 것.

2 왼쪽에 음뜻이 주어진 한자를 오른쪽 빈칸에 쓰세요.

구름 속 글자들을 더하면 한자의 모양을 알 수 있어요.

내 짝 병호는 성격이 좋은 아이다. 친구들과 우정도 두껍고 마음씨도 착해서 가끔 내가 준비물을 가져오지 않아도 잘 빌려 준다. 뒤에 안은 준형

'두텁고'라고 쓴단다.

친구들이 자주 틀리는데. '앉은'이라고 써야겠지.

'많이'라고 쓴단다.

이랑은 만이 다르다. 병호는 달리기도 잘해서 우리 반 대표로 나가기도 했다. 그런데 한가지 단점이 있다. 아침잠이 많아서 일주일에 두 번 정도는 지각을 한다.

'한 가지'라고 띄어 쓴단다.

*이 글은 초등학교 4학년 어린이가 쓴 일기입니다.

열굴은 '두껍고', 우정은 '두텁고'

우정은 '두껍다'가 아니라 '두텁다'라고 표현해야 한단다.
'두껍다'는 두께가 보통의 정도보다 클 때를 말해.
손이 두껍고, 팔이 두꺼운 거야.
'두텁다'는 사람의 마음과 관련이 있을 때 쓴단다.
믿음이 두텁고, 우정이 두터운 것이지.

두꺼운 가면을 만들었어요!

두껍다

- 두께가 보통의 정도보다 크다.
  - 예 두꺼운 책이 많아서 가방이 무겁다.
- 어둠이나 안개, 그늘 등이 짙다.
  - 예 안개가 두껍게 깔렸다.

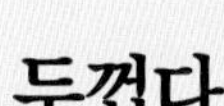

두텁다

- 신의, 믿음, 관계, 인정 따위가 굳고 깊다.
  - 예 그들의 믿음이 두텁다.
  - 예 친분이 두터운 이웃에게 도움을 받았다.

두터운 우정을 쌓아요.

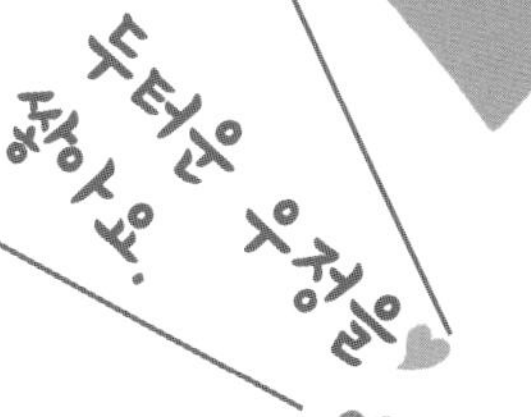

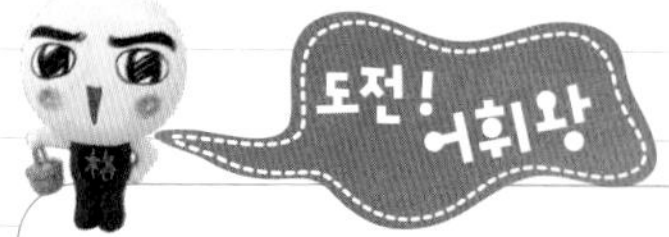

1

❶~❷의 빈칸에 주어진 음뜻의 한자를 쓰세요.

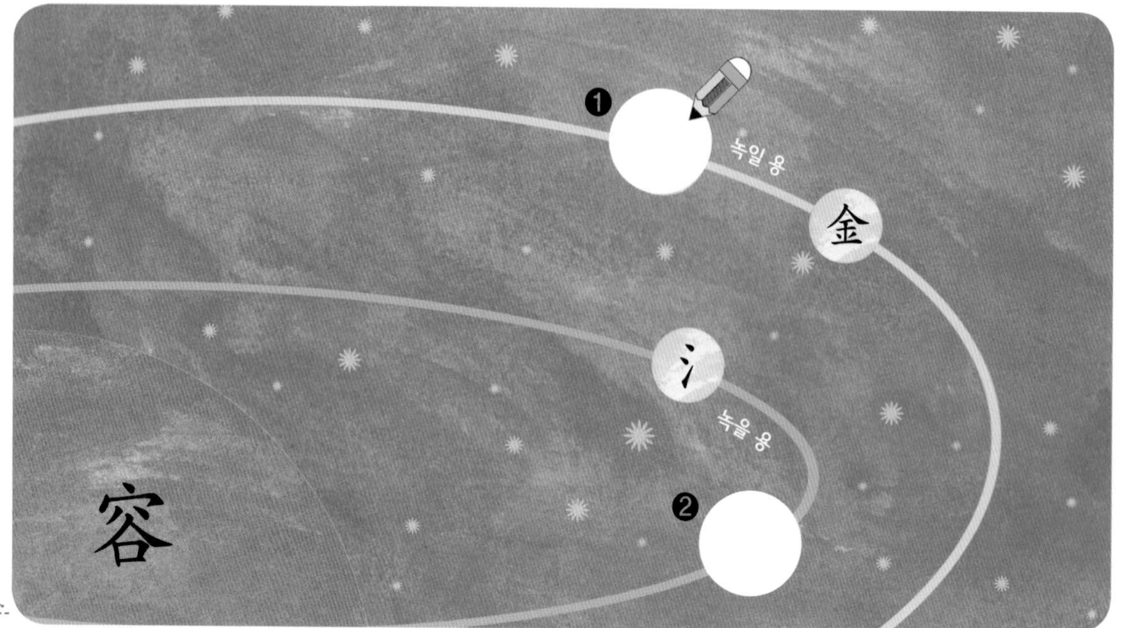

빨간 별과 노란 별에 쓰인 글자를 합치면 한자 모양을 알 수 있어요.

2

❶~❹에서 사다리를 타고 가다 만나는 빈칸에 알맞은 한자를 쓰세요.

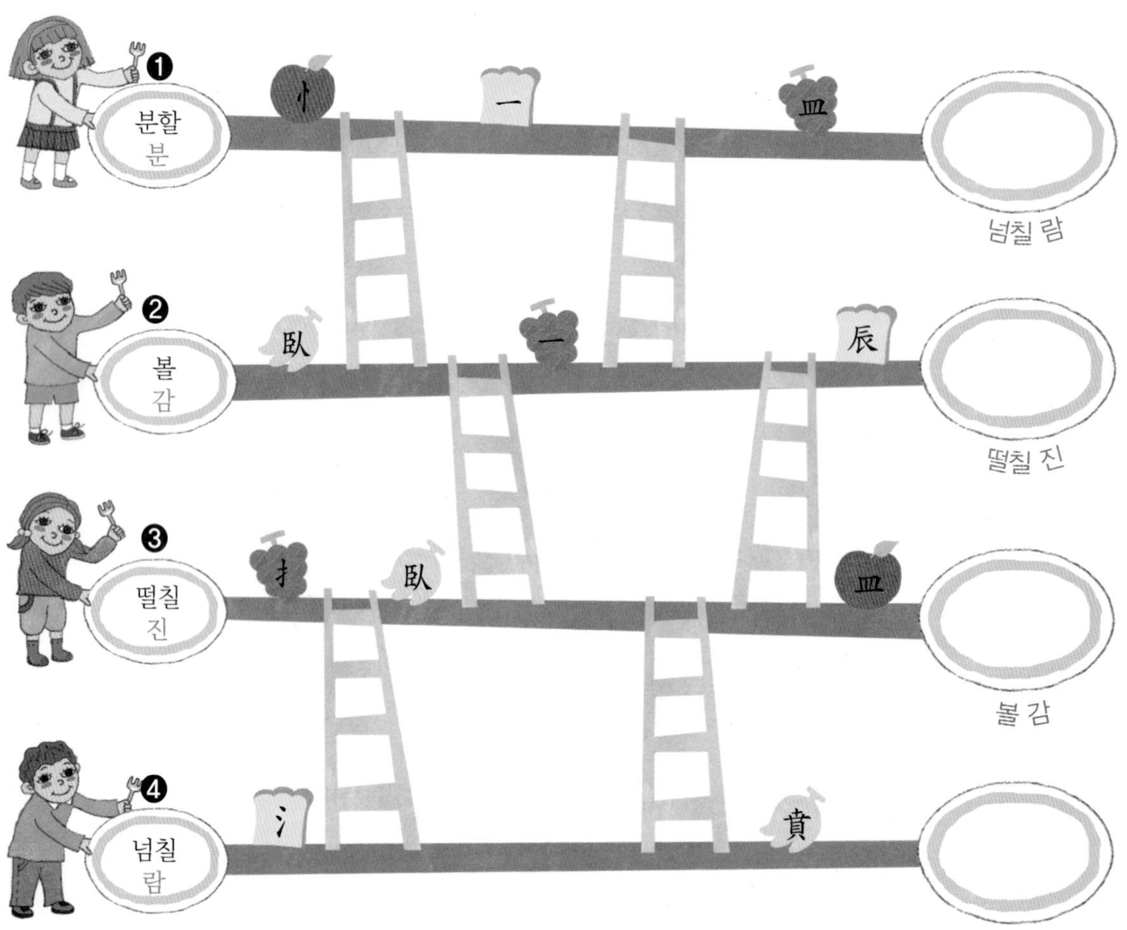

사다리 중간에 만나는 글자들을 합치면 한자가 완성됩니다.

3 낱말 뜻이 올바른 칸을 모두 색칠해 보고, 나온 모양을 ❶~❹에서 고르세요.

지각 변동으로 지층이 끊어져 움직인 것을 **지진**이라고 한다.	분하여 크게 성을 내는 것을 **분노**라고 한다.	물을 위로 내뿜는 설비를 **분무기**라고 한다.
용암은 마그마가 식어 굳어져서 생긴 암석을 말한다.	불이 일어나며 갑작스럽게 터지는 것을 **폭발**이라고 한다.	화산이 터질 때 용암, 가스, 수증기 따위를 내뿜는 구멍을 **분화구**라고 한다.
분사는 물과 같은 액체를 안개처럼 내뿜는 기구이다.	강물이 불어나 뭍으로 넘치는 것을 **범람**이라고 한다.	**지진**이 자주 일어나는 띠 모양의 지역을 **전대**라고 한다.

❶ ┼　❷ H　❸ ㅁ　❹ ㅏ

4 양쪽 한자에 공통으로 들어 있는 글자를 ❶~❹에서 고르세요.

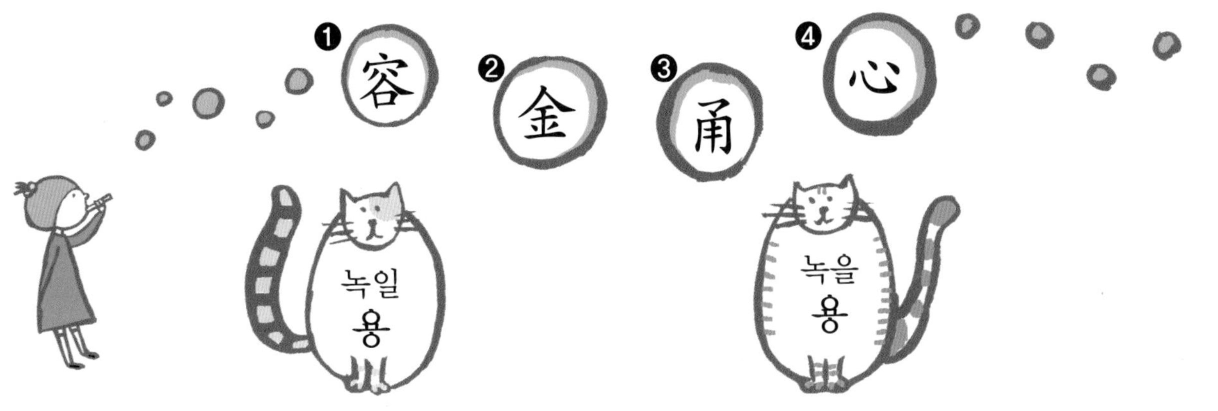

평가 문제

1. 그림에 해당하는 현상을 ❶ ~ ❹에서 고르세요. (   )

❶ 해일 ❷ 범람 ❸ 침몰 ❹ 침수

2. 서로 관계있는 것끼리 연결하세요.

(1) 지층이 주름져 휘어진 것.	•	• 용암
(2) 마그마가 화산의 분화구에서 분출한 것.	•	• 습곡
(3) 액체나 기체 따위를 힘차게 내뿜는 것.	•	• 분사

3 ~ 4 빈칸에 알맞은 낱말을 〈보기〉에서 골라 쓰세요.

〈보기〉 화성암, 현무암, 용암, 화강암

3. 마그마가 땅 위로 뿜어져 나온 것도 (   ),
마그마가 차갑게 식어서 바위가 된 것도 (   )이야.

4. (   )은 단단하고 무늬가 꽃처럼 예쁘단다. 마그마가 땅속 깊은 곳에서 서서히 굳어지면서 만들어졌지.

5. 서로 관계있는 것끼리 연결하세요.

(1) 물 모양으로 녹으니, 녹을 용.	•	• 監
(2) 비가 올 때 별처럼 번쩍이며 치는 것이니, 벼락 진.	•	• 震
(3) 엎드려 물을 담은 그릇에 얼굴을 비춰 보니, 볼 감.	•	• 溶

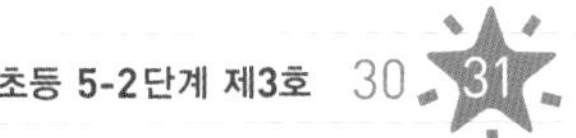

6~7 밑줄 친 낱말을 대신하여 고쳐 쓸 말을 고르세요.

6. 어제 뉴욕에서 지하에 매설된 가스관이 <u>폭리</u>해서 많은 사람이 다쳤대. (   )

❶ 폭발 ❷ 폭설 ❸ 폭염 ❹ 폭행 ❺ 기폭

7. 사건의 <u>진척</u>지가 어디인지 철저히 조사하고 배후자를 가려내라는 지시가 있었다. (   )

❶ 진통 ❷ 진원 ❸ 진사 ❹ 지진 ❺ 진앙

8~9 다음 글을 읽고 물음에 답하세요.

오래전 지구엔 많은 기후 변화와 지각 변동이 있었습니다. 땅속 깊은 곳에서 용암이 끓어올라 화산이 폭발하고 ㉠<u>지진</u>이 일어났지요. 또한 지진, 화산 폭발, 태풍 등으로 평상시보다 큰 파도가 갑자기 육지를 덮치는 (㉡)이 발생하기도 했습니다. 오랜 세월에 걸쳐 이런 변화를 겪고 나서야 비로소 지구는 생명체를 탄생시킬 환경을 만들게 된 것이죠.

8. ㉠의 뜻으로 바른 것을 고르세요. (   )

❶ 규칙적으로 흔들리거나 움직이는 것.
❷ 사건이나 소동 따위를 일으킨 근원.
❸ 큰물이 흘러넘치는 것.
❹ 지구 내부의 물질이 급격히 변동하며 땅의 표면이 흔들리는 현상.
❺ 물이 스며들어 바위나 흙을 깎아 내는 일.

9. ㉡에 들어갈 알맞은 낱말을 고르세요. (   )

❶ 습곡 ❷ 지진 ❸ 침식 ❹ 화산 ❺ 해일

10. 밑줄 친 낱말 가운데, '뿜을 분(噴)'이 쓰이지 않은 낱말을 고르세요. (   )

❶ 그렇게 참지 말고 감정을 <u>분출</u>해 봐.
❷ 달의 표면이 울퉁불퉁한 것은 얕은 <u>분화구</u>가 많기 때문이다.
❸ 저기 <u>분수</u> 옆으로 가면 좀 시원할 것 같아.
❹ 이 지역과 저 지역은 서로 <u>분리</u>되어 있어.
❺ 제트기는 연료를 <u>분사</u>한 힘으로 발사되지.

몸을 어디에 두면 멋진 포즈가 나올까?

오늘은 단어 속의 포즈-pos(e)에 대해 알아볼 거야.
포즈-pos(e)는 놓다, 두다라는 뜻이야.
그러니까 단어 속에 포즈-pos(e)가 들어 있으면 놓다, 두다라는 의미가 포함되어 있을 거라고 짐작할 수 있지. 전에 엑스포Expo라는 말 배웠었지?
엑스포Expo는 엑스포지션exposition을 줄여서 쓴 말로 박람회라는 뜻이랬지.
엑스포지션exposition의 엑스ex-가 밖으로라는 뜻이고 포즈-pos가 놓다, 두다라는 뜻이니까 엑스포Expo는 밖으로 내놓고 전시하는 것, 박람회를 뜻한다는 내용, 기억나?

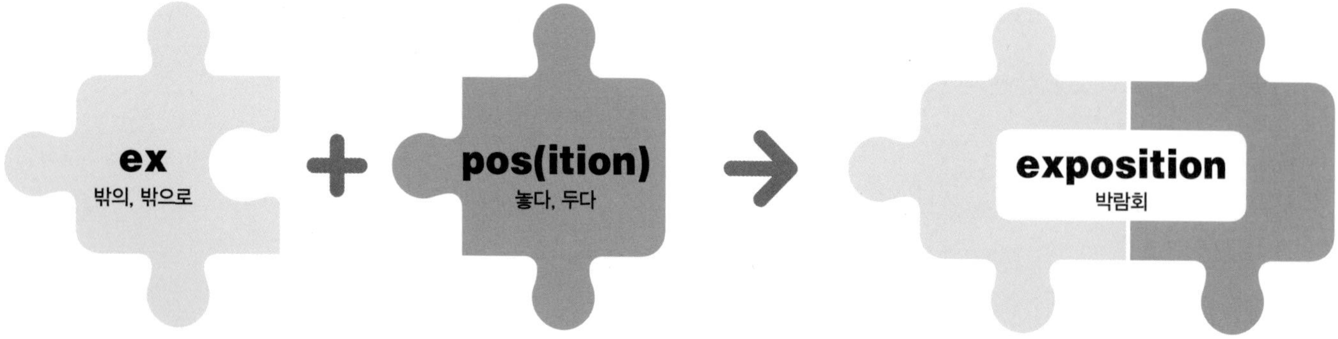

ex 밖의, 밖으로 + **pos(ition)** 놓다, 두다 → **exposition** 박람회

한 가지 궁금한 게 있어.
"멋진 포즈pose로 사진 찍었네!" 라고 말할 때의 포즈pose도 같은 의미일까?
잠시 생각해 볼래?
여기서 포즈pose는 말 그대로 '포즈, 자세'를 뜻해.
하지만 자세라는 것도 몸을 어떻게 두느냐는 뜻이니까
포즈-pos(e)의 '놓다, 두다'에서 나온 말이지.
자, 그럼 포즈-pos(e)가 들어간 단어를 보고 그 뜻을 추측해 볼까?

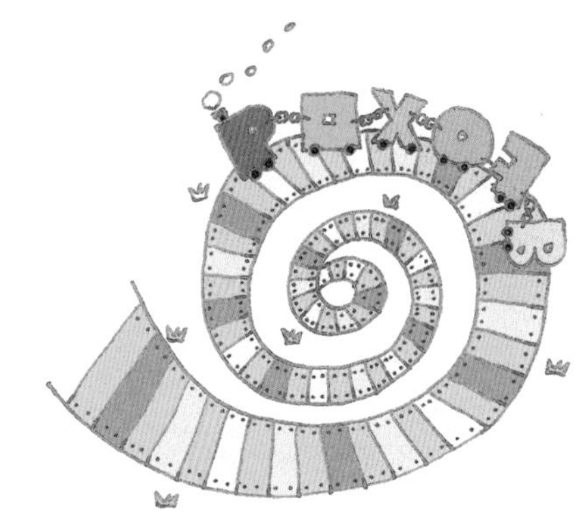

propose

프러포즈propose라는 말 들어 봤지?
'청혼, 사랑하는 사람에게 결혼해 달라고 요청하는 것'이지.
자기의 마음을 사랑하는 사람 앞에pro- 내어 놓는다-pose는 의미에서 나왔어.

expose

밖으로-ex와 놓다-pose가 합해진 **expose**는 '물건을 내놓다, 전시하다, 위험이나 공격에 몸을 드러내다' 등등 여러 가지 의미가 있어.
엑스포Expo도 여기에서 나온 말이야.

compose

com-은 '함께'라는 뜻이야.
함께com- + 놓다-pose, 즉 **compose**는 이것저것을 함께 놓는다는 의미에서 '구성하다, 조립하다, 작곡하다' 라는 의미가 나왔어.

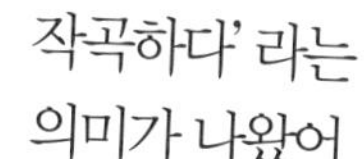

oppose

~에 반대하여op- 와 놓다-pose가 합해진 **oppose**는 '~에 반대하여 놓다' 라는 의미에서 '~에 반항하다, 반대하다, 적대하다' 라는 의미가 나왔어. 원리가 보이니까 쉽지?

콕콕 정답

제1일차

05쪽 1. 심해 2. 화산섬 3. 분출 4. 해저 5. 용암 6. 생성
06쪽 ❶ 분화구 ❷ 분출
07쪽 ❶ 분사 ❷ 분수
08쪽 ❶ 입 ❷ 크게 ❸ 분

09쪽

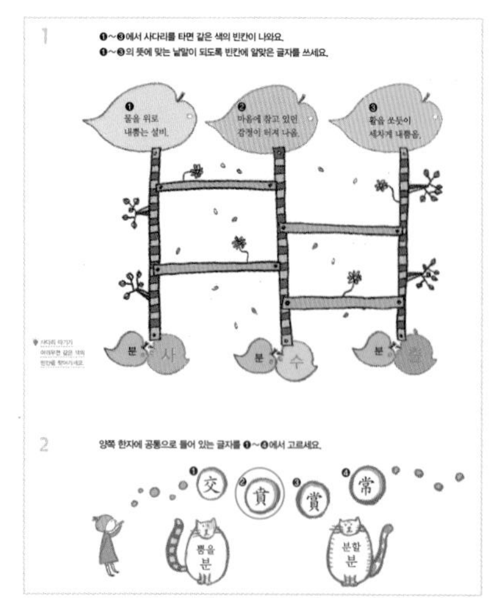

제2일차

10쪽 ❶ 현무암 ❷ 화강암
11쪽 ❶ 폭리 ❷ 폭설
12쪽 ❶ 쇠 ❷ 모양 ❸ 용

13쪽

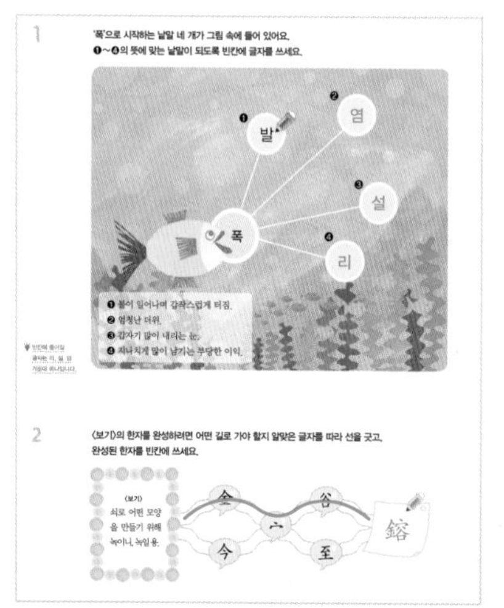

제3일차

17쪽 1. 범람 2. 지진 3. 진동 4. 인근 5. 강타 6. 대피
18쪽 ❶ 진앙 ❷ 진원
19쪽 ❶ 진동 ❷ 지진파
20쪽 ❶ 비 ❷ 별 ❸ 진

21쪽

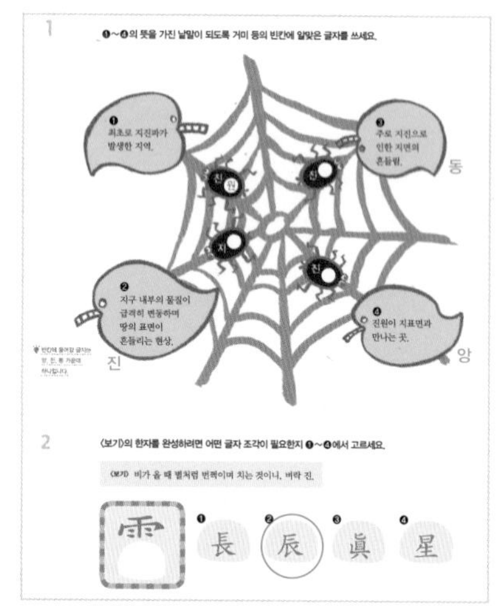

제4일차

22쪽 ❶ 해일 ❷ 범람
23쪽 ❶ 습곡 ❷ 단층
24쪽 ❶ 물 ❷ 보일 ❸ 람

25쪽

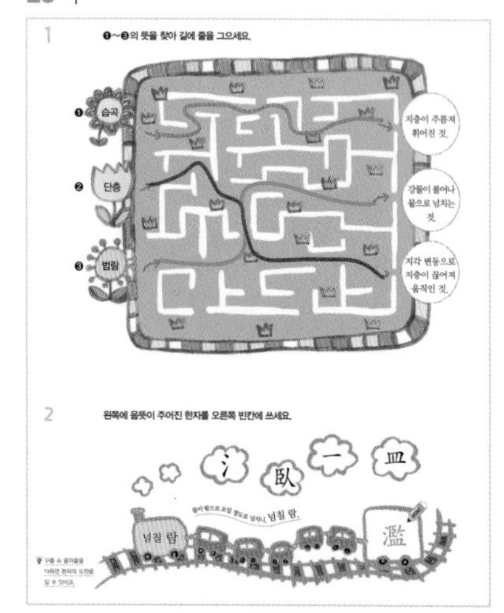

제5일차

도전! 어휘왕

28-29쪽

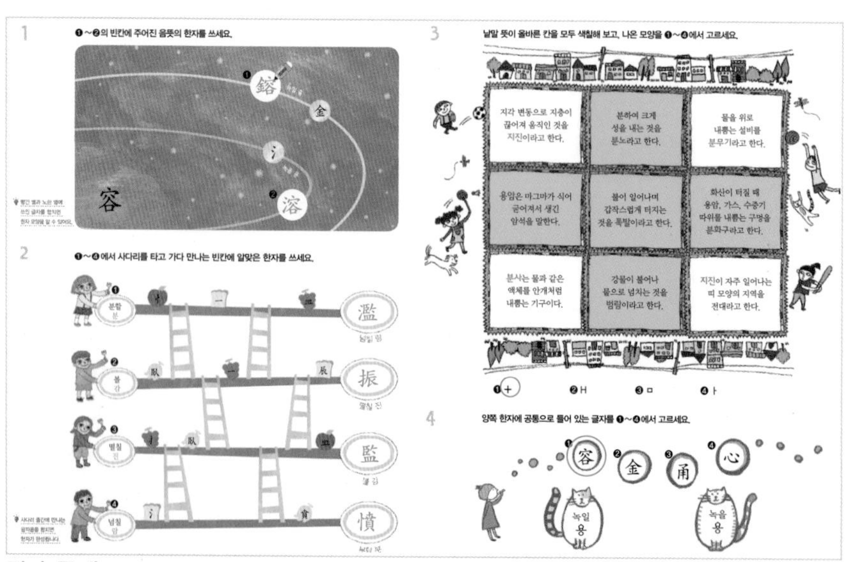

평가 문제

30-31쪽 1. ❷ 2. (1) 습곡 (2) 용암 (3) 분사 3. 용암, 용암 4. 화강암
5. (1) 溶 (2) 震 (3) 監 6. ❶ 7. ❷ 8. ❹ 9. ❺ 10. ❹

인류를 괴롭히는 자연재해

화산과 지진은 가장 강력한 자연재해란다.
도시가 통째로 사라지는가 하면, 수만 명이 목숨을 잃기도 해.
인류를 위협하는 자연재해와 관계있는
용어들을 정리해 보자.

엘니뇨 페루 부근 적도 해역의 바닷물 온도가 높아지는 현상이야. '엘니뇨'라는 말은 에스파냐 어로 '작은 예수'라는 뜻인데, 이 현상이 크리스마스 전후로 발생하기 때문에 붙은 이름이지. 엘니뇨 때문에 어장은 황폐해지고, 중남미 지역과 오스트레일리아에 폭우, 가뭄 등의 자연재해가 점점 잦아지고 있어.

라니냐 엘니뇨와 반대로, 페루 부근 적도 해역의 바닷물 온도가 낮아지는 현상이야. 동남아시아와 주변 나라들에 갑자기 몰아닥치는 기상 이변들이 라니냐 때문일 것이라고 짐작하고 있어.

라마마 북태평양 중위도 해역의 바닷물 온도가 갑자기 높아지면서 바닷물의 흐름이 정상을 벗어나는 현상이야. 이로 인해 태평양 연안의 나라들에 자연재해 위험이 높아지고 있단다.

쓰나미 지진 해일이라고 부르는데, 해저 화산 폭발, 단층 운동 같은 급격한 지각 변동으로 인해 순간적으로 엄청난 규모의 파도와 해일이 몰려오는 거야.

황사(黃沙) 중국과 몽골의 사막 지대와 황토 지역에서 불어오는 강력한 모래 바람이야. 봄철이면 황사가 우리나라에까지 날아와 큰 피해를 입히곤 하지.

적조 현상(赤潮 現象) 바닷속 미생물인 플랑크톤이 비정상적으로 많이 불어나 바닷물이 붉게 보인다고 해서 붙은 이름이야. 적조 때문에 물고기와 조개류가 한꺼번에 죽고, 이 어패류를 먹은 사람도 피해를 입고 있어.

마법의 상위권 어휘 스스로 평가표

01

다음 네 낱말 중 뜻을 자신 있게 말할 수 있는 낱말은 ○표, 알쏭달쏭한 낱말은 △표, 자신 없는 낱말은 ×표 하세요.

분출 (　　) | 용암 (　　) | 지진 (　　) | 범람 (　　)

02

다음 네 한자 중 음과 뜻을 자신 있게 말할 수 있는 것은 ○표, 알쏭달쏭한 것은 △표, 자신 없는 것은 ×표 하세요.

噴 (　　) | 鎔 (　　) | 震 (　　) | 濫 (　　)

03

〈평가 문제〉를 모두 풀고 정답을 확인해 보세요. 10문항 중 내가 맞힌 문항 수는 몇 개인가요?

❶ 9-10 문항 (　　) | ❷ 7-8 문항 (　　) | ❸ 3-4 문항 (　　) | ❹ 1-2 문항 (　　)

| 부모님과 선생님께 |

위에서 어린이가 스스로 적은 내용을 보고, 어린이가 어려워하는 부분을 함께 보면서 어휘의 뜻과 쓰임을 이해할 수 있도록 해 주세요.

초등 5-2 단계

어휘가 쑥쑥 자라요.

부모님과 선생님께서는 이렇게 지도해 주세요

제 1 일차	제 2 일차	제 3 일차	제 4 일차	제 5 일차
무령왕릉의 발굴 이야기를 읽고, 대표 어휘 '고분'의 뜻과 한자 '墓'를 익힙니다. '고분'에서 확장된 여러 낱말의 뜻을 스스로 추론해 보도록 지도해 주세요.	대표 어휘 '국보'의 뜻과 한자 '寶'를 익히고, 관계있는 낱말도 함께 익힙니다. 다지기 문제를 풀어 보고, '함초롬하다'란 낱말의 쓰임을 익히도록 해 주세요.	왕릉에서 나온 보물 이야기를 읽고, 대표 어휘 '채색'과 한자 '彩'를 익힙니다. '채색'에서 확장된 여러 낱말의 뜻을 스스로 추론해 보도록 지도해 주세요.	대표 어휘 '근본'의 뜻과 한자 '根'을 익히고, 관계있는 낱말도 함께 익힙니다. 다지기 문제를 풀어 보고, '메다'와 '매다'를 구별하여 쓸 수 있도록 해 주세요.	재미있는 게임 문제와 학교 시험 유형의 평가 문제를 풀며 어휘 실력을 다집니다. '그래프(graph)'와 구성 원리가 비슷한 영단어들도 함께 익히도록 해 주세요.

이런 내용을 배워요 !

고분에서 나온 유물을 보면 그 시대를 알 수 있어요.
무령왕릉에서는 국보로 지정된 유물이 22점이나 나왔답니다.
그런데 발굴된 계기가 정말 특이하다고 해요.
그 사연을 한번 들어 볼까요?

어휘랑 놀자 1
아름답고 궁금한 우리말 이야기
함초롬하다

제 1 일차

교과서 학습 어휘 01
맛보기
돋보기1
한자가 술술
다지기

고분
왕릉 패총 분묘 능묘 묘지

墓

莫

제 2 일차

돋보기2
한자가 술술
다지기

국보
보물 명승고적 절경 보고 가보

寶

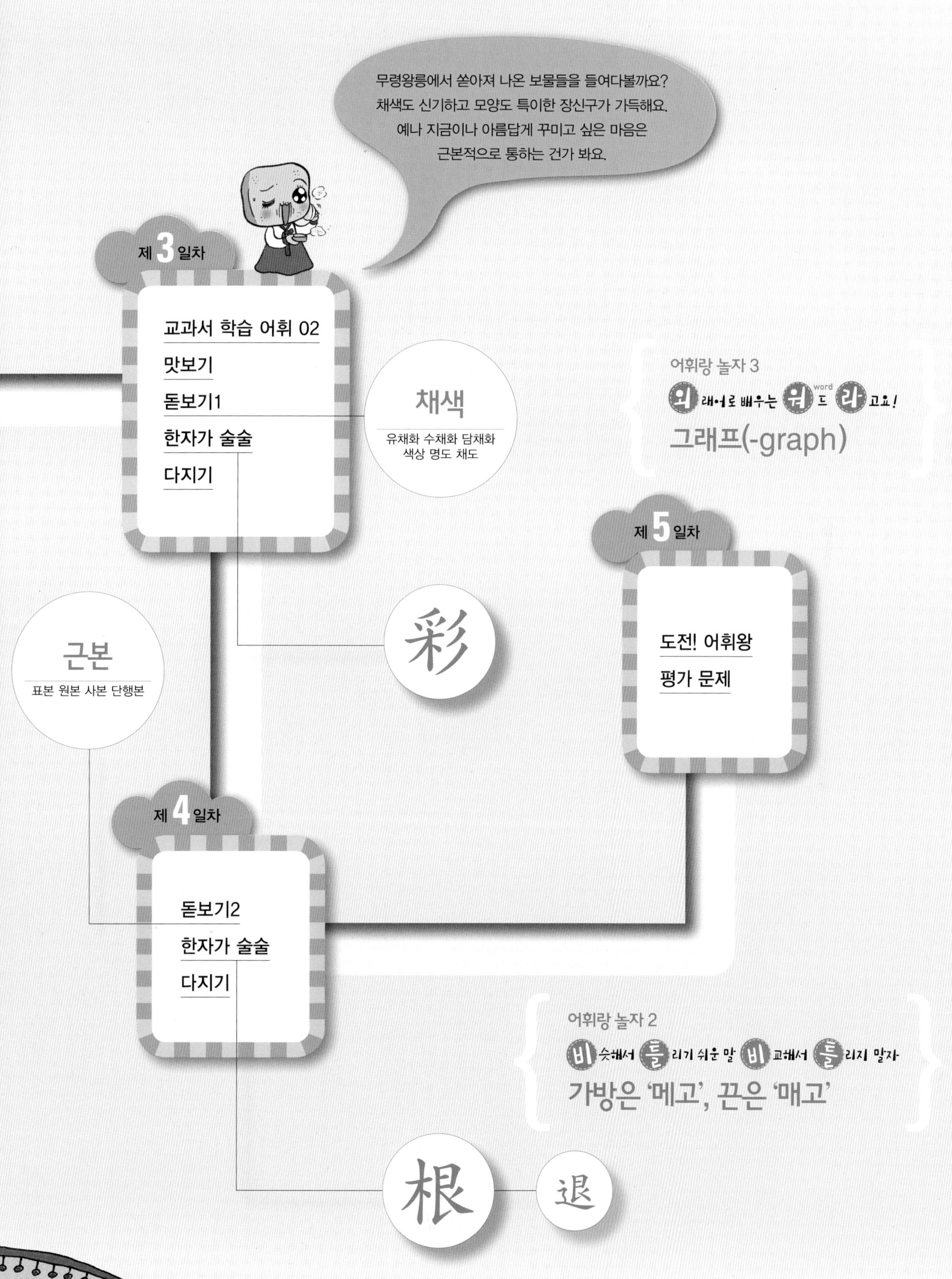

무령왕릉에서 쏟아져 나온 보물들을 들여다볼까요?
채색도 신기하고 모양도 특이한 장신구가 가득해요.
예나 지금이나 아름답게 꾸미고 싶은 마음은
근본적으로 통하는 건가 봐요.
제 3 일차
교과서 학습 어휘 02
맛보기
돋보기1
한자가 술술
다지기
채색
유채화 수채화 담채화
색상 명도 채도
彩
어휘랑 놀자 3
외래어로 배우는 워드 리고요!
word
그래프(-graph)
제 5 일차
도전! 어휘왕
평가 문제
근본
표본 원본 사본 단행본
제 4 일차
돋보기2
한자가 술술
다지기
어휘랑 놀자 2
비슷해서 틀리기 쉬운 말 비교해서 틀리지 말자
가방은 '메고', 끈은 '매고'
根
退

◑ 글 속의 주황색 낱말들은 무슨 뜻일까요? 잘 생각하면서 다음 글을 읽어 보세요.

우연히 보물이 가득한 왕의 무덤을 발견한다면 그야말로 횡재를 한 기분이겠죠?
이야기 속에서나 나올 법한 이런 일이 우리나라에서 실제로 일어난 적이 있었답니다.
바로 백제 무령왕릉의 발견이 그것이죠.
무령왕릉이 발견된 충청남도 공주시 송산리 일대는 이미 여러 기의 백제 고분이 발견된 곳입니다.
그래서 나라에서는 이곳을 사적으로 지정하여 보호하고 있었지요.
그런데 1971년 장마로 인해 이 주위가 침수될 위기에 빠지자
나라에서는 급히 배수 시설 공사에 들어갔습니다.
배수로 공사를 하기 위해 땅을 파다가 너무나도 우연히
백제 유물의 보고인 무령왕릉을 발견한 거죠.
무려 1,500년 동안 그 누구도 열어 본 적이 없던 백제의 역사가
오랜 잠에서 깨어나게 된 것입니다.
왕릉이 전혀 도굴되지 않은 채 발견된 것은
기적과 같은 일이라고 합니다.
만약 일제 시대의 발굴 조사에서 발견되었더라면
그 속의 보물들은 모두 일본의 차지가 되었을 거예요.
어쩌면 우리는 껍데기만 남은 텅 빈
무령왕릉을 보게 되었을지도 모릅니다.
무령왕릉은 백제를 이해하는 데
가장 중요한 사료로 꼽힌다고 합니다.
왕릉에서는 3,000점에 이르는 유물이 나왔으며
그중 22점이 국보로 지정되었습니다.

◑ 빈칸에 알맞은 낱말을 왼쪽 글의 주황색 낱말 중에서 찾아 써 보세요.
잘 모를 땐 를 보거나, ❶~❸에서 골라 쓰세요.

1 등산 갔다가 산삼을 캐신 할아버지는 횡 재 했다며 좋아하셨어요.

뜻밖에 재물을 얻는 일이에요.

❶ 교재 ❷ 횡재 ❸ 천재

2 궁중 ______ 전시관에 가면 조선 시대 왕실의 물건을 볼 수 있어요.

한자로는 '후세에 전하는 물건'이랍니다.

❶ 유물 ❷ 유엔 ❸ 유머

3 고고학자가 되어 아무도 발견하지 못한 ______ 을 발굴해 보고 싶어요.

한자로 풀이하면 '옛날 무덤'이랍니다.

❶ 고민 ❷ 고독 ❸ 고분

4 우리나라의 ______ 제1호는 숭례문이에요.

한자로 풀이하면 '나라의 보배'랍니다.

❶ 보물 ❷ 국보 ❸ 사적

5 김해의 대표적 문화 유적은 수로 ______ 입니다. 수로왕의 무덤이죠.

한자로는 '왕의 무덤'이랍니다.

❶ 왕벌 ❷ 왕따 ❸ 왕릉

6 경주는 신라 시대 유적의 ______ 라고 할 수 있죠.

한자로 풀이하면 '보배의 창고'랍니다.

❶ 보고 ❷ 보리 ❸ 보초

흙을 높이 쌓아 올린 고대의 무덤이 '고분'이란다.
보통은 우리 할아버지 할머니뿐만 아니라 조상들이 묻힌 모든 무덤을 뜻해.
하지만 역사학이나 고고학에서는 귀족이나 왕족의 무덤 같은,
사료가 될 만한 무덤을 가리키는 경우가 많아.

백제 시대의 고분.

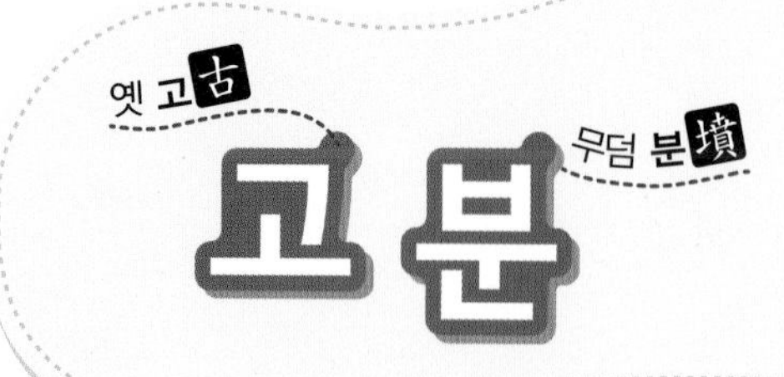

낱 옛【古】 무덤【墳】.
교 고대에 만들어진 무덤.
예 고구려의 고분을 통해 고구려 시대의 생활을 알 수 있다.

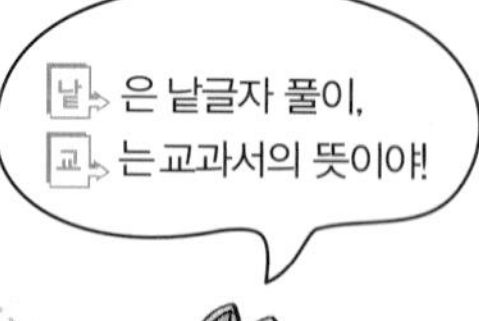
낱 은 낱글자 풀이,
교 는 교과서의 뜻이야!

사료가 될 만한 고분 중에서 가장 으뜸인 것은 역시 '왕릉'이지.
'능(陵)'은 큰 언덕이라는 뜻이야.
왕과 왕비의 무덤은 대부분 언덕만큼 크니까, 능이라는
글자만 써도 왕과 왕비의 무덤을 가리키는 말이 된단다.

낱 교 임금【王】의 무덤【陵】.
예 경주 시내에는 곳곳에 왕릉이 있다.

낱 조개【貝】 무덤【塚】.
교 조개더미. 조개껍데기가 쌓여 이루어진 유적.
예 패총을 살펴보면 선사 시대 인류의 생활 모습을 알 수 있다.

특이한 유물이 나왔거나 독특한 재료로 만들어졌지만,
주인을 알 수 없는 무덤에는 '총(塚)'이라는 글자를 붙여 준단다.
무용하는 그림이 나온 게 특징이라서 '무용총(舞踊塚)',
금관이 나온 게 특징이라서 '금관총(金冠塚)'이야.
조개라는 특이한 재료로 만들어진 무덤은 '패총(貝塚)'이라고 해.
선사 시대 사람들이 조개나 굴을 먹고 나서 버린 껍데기가 쌓여 이루어진 유적이야.

빈칸에 알맞은 낱말을 〈보기〉에서 골라 써 보세요.

〈보기〉 고분, 왕릉

- 문무 ❶ ( ) 의 특이한 점은 다른 왕들의 무덤과는 달리 바닷속에 있다는 것이에요.
- ❷ ( ) 은 오래된 무덤을 통틀어 일컫는 말이지요.

그럼 왕의 무덤인 능도 아니고, 개성이 뚜렷한 총도 아닌 무덤은 어떻게 부를까?
가장 흔히 사용하는 말은 '묘(墓)'란다. '김유신묘', '사육신묘'처럼 말이야.
왕족이 아닌 모든 사람의 무덤에는 묘라는 말을 붙여.
그런데 일반인의 무덤 중에서도 누구의 무덤인지 알 수 없는 경우가 있어. 그럴 때는 '분(墳)'을 사용해.
즉, 일반인의 무덤 중 주인을 알 수 있는 것에는 묘(墓), 주인을 알 수 없는 것에는 분(墳)을 붙이는 거야.

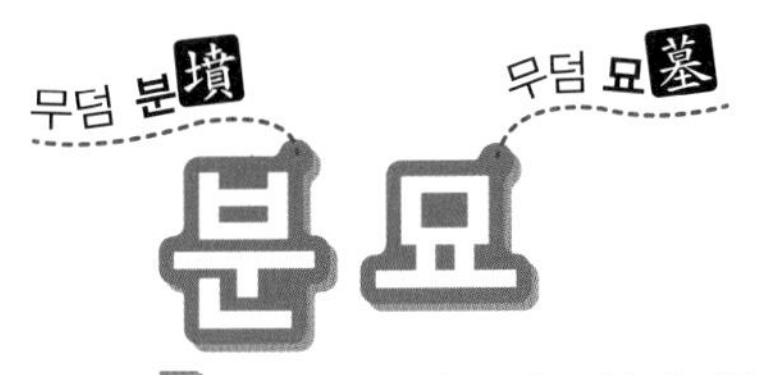

교 사람의 시체나 유골을 땅속에 파묻은 곳.

분과 묘가 합쳐졌으니까 일반인의 무덤을 뭉뚱그려 가리키는 말이야. 큰 특징이 없고 흔히 볼 수 있는 대부분의 평범한 무덤을 '분묘'라고 해.

예 분묘에 가서 향을 피우고 절을 했다.

낱 교 능(陵)과 묘(墓)를 아울러 가리키는 말.

'능묘'는 왕이나 왕비의 무덤과 일반인의 무덤을 함께 가리키는 말이야. 하지만 능이라는 글자가 있기 때문에 분묘보다 무덤을 좀 더 높여 부르는 경우에 사용해.

예 일제의 침략으로 조상의 능묘가 짓밟혔다.

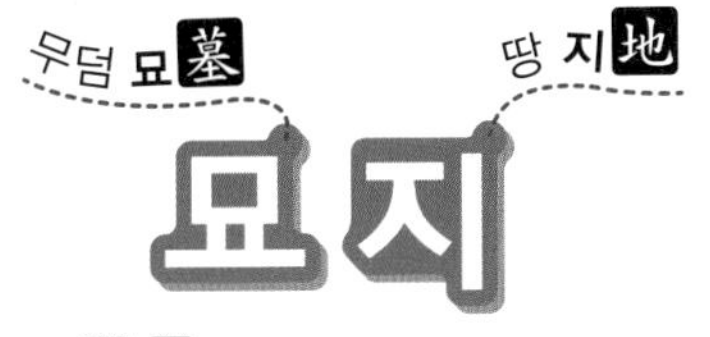

낱 교 무덤【墓】이 있는 땅【地】.

묘가 있는 땅을 '묘지'라고 해.
요즘엔 무덤의 주인을 모르는 경우가 거의 없으니까 무덤을 가리키는 경우 대부분 묘라는 글자를 쓴단다.

예 묘지 둘레에 소나무를 심었다.

국가에서 설립하여 관리하는 묘지를 '국립묘지'라고 해.
혹은 '국립 현충원'이라고도 부르는 이곳은 국가에 공을 세운 사람들의 무덤이 있는 곳이란다.

우리는 주인을 확실하게 알 수 있으니까 '묘'라고 하지.

동작동 국립 현충원(국립묘지).

빈칸에 알맞은 낱말을 〈보기〉에서 골라 써 보세요.

〈보기〉 분묘, 능묘

- 특별한 개성이 없는 일반인들의 무덤을 통틀어 ❶ ______ 라고 해요.
- 잉카 인들은 조상들의 미라가 있는 ❷ ______ 를 작은 궁전처럼 아름답게 꾸며 놓았어요.

한자의 뜻과 유래에 대한 설명을 읽고, 한자를 익혀 보세요.

墓 4급

무덤 묘

총 14획 | 부수 土, 11획

'없을 막(莫)'과 '흙 토(土)'가 합쳐져 만들어진 글자야.
생명이 다하여 없어진 뒤, 즉 죽어서 묻히게 되는 땅이 무덤이지.
'없을 막(莫)'에는 조용하고 쓸쓸하다는 뜻도 있단다.
죽은 사람을 묻는 조용하고 쓸쓸한 땅이니 거기가 바로 무덤인 거야.

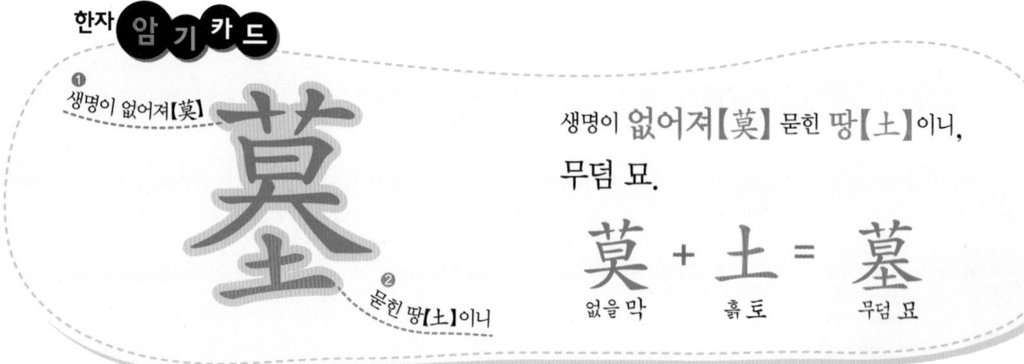

묘비는 무덤 앞에 세우는 비석이야.
죽은 사람의 이름, 신분, 출생일, 사망일, 업적 따위를 새겨 두지.

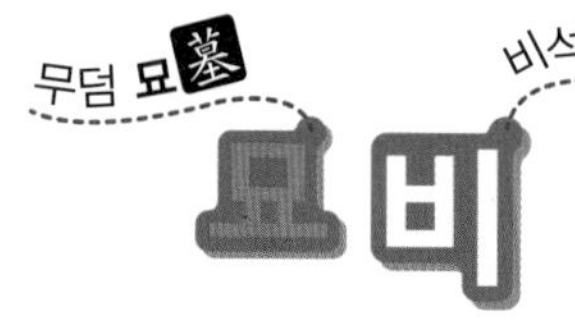

낱 교 무덤【墓】 앞에 세우는 비석【碑】.

예 프랑스의 소설가 스탕달의 묘비에는 "살았다, 썼다, 그리고 사랑했다."라는 말이 새겨져 있어요.

베토벤의 묘에 세워진 묘비.

莫 준3급

없을 막

총 11획 | 부수 艹, 7획

풀【艹】과 풀【大】 사이로 해【日】가 져서 없어지니, 없을 막(莫).
평원의 풀밭에 해가 지는 모습을 본뜬 글자야.
위에도 풀【艹】이고 아래의 '클 대(大)'도 여기서는 풀의 모양이 변형된 거지.
풀【艹】과 풀【大】 사이로 해【日】가 져서 없어진다는 뜻이야.

'한자 암기카드'를 보고 빈칸에 들어갈 말을 써 보세요.

생명이 ① ( )【莫】 묻힌 ② ( )【土】이니, 무덤 묘(墓).

墓의 뜻은 무덤 이고, 음은 ③ ( ) 입니다.

墓의 어원을 생각하면서 필순에 따라 써 보세요.

墓 墓 墓 墓 墓 墓 墓 墓 墓 墓 墓 墓 墓 墓

墓	墓	墓	墓	墓			

1 ❶~❹의 뜻을 가진 낱말이 되도록 거미 등의 빈칸에 알맞은 글자를 쓰세요.

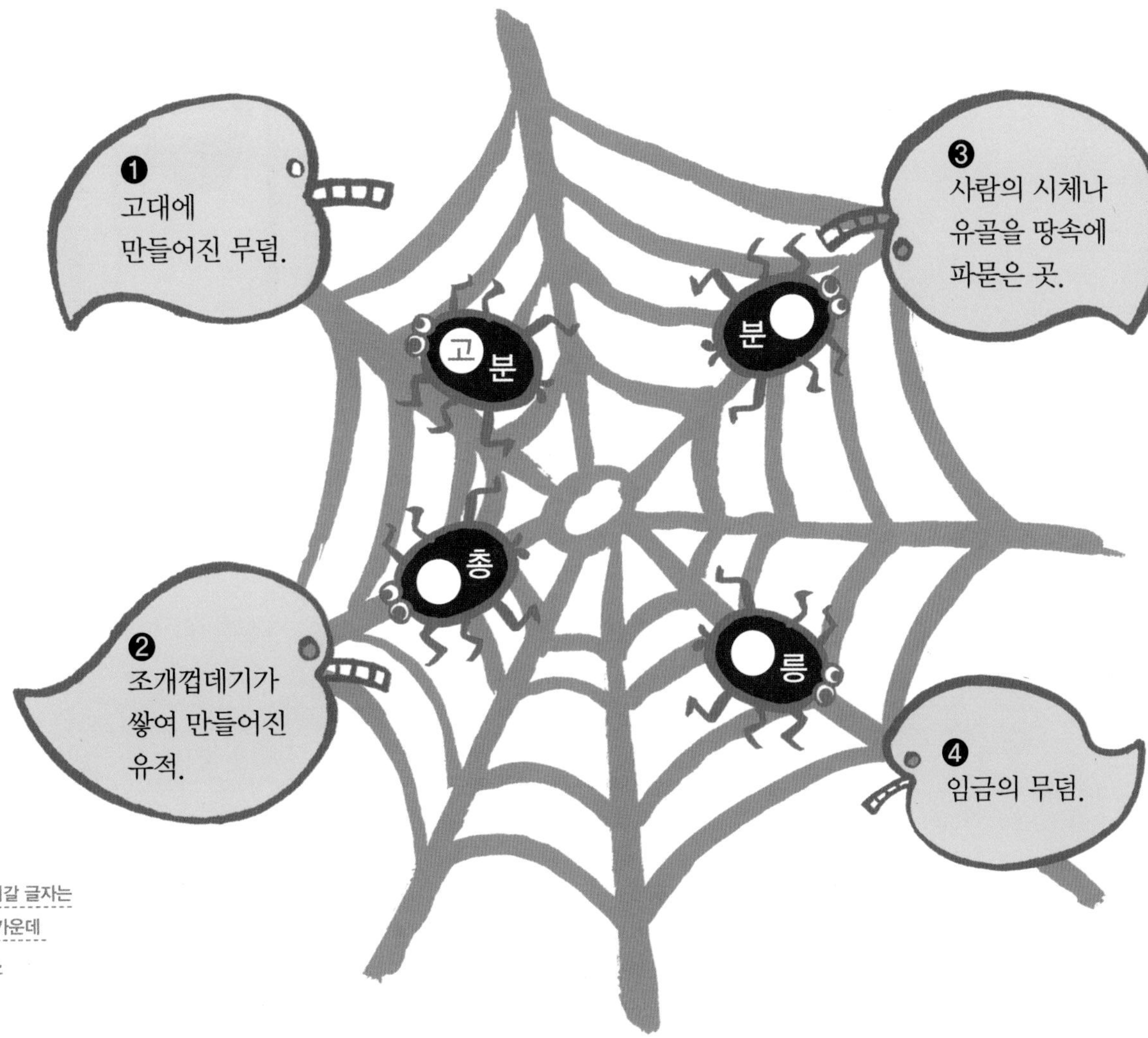

❶ 고대에 만들어진 무덤.

❷ 조개껍데기가 쌓여 만들어진 유적.

❸ 사람의 시체나 유골을 땅속에 파묻은 곳.

❹ 임금의 무덤.

고분

분○

○총

○릉

빈칸에 들어갈 글자는 묘, 패, 왕 가운데 하나입니다.

2 〈보기〉의 한자를 완성하려면 어떤 글자 조각이 필요한지 ❶~❹에서 고르세요.

〈보기〉 생명이 없어져 묻힌 땅이니, 무덤 묘.

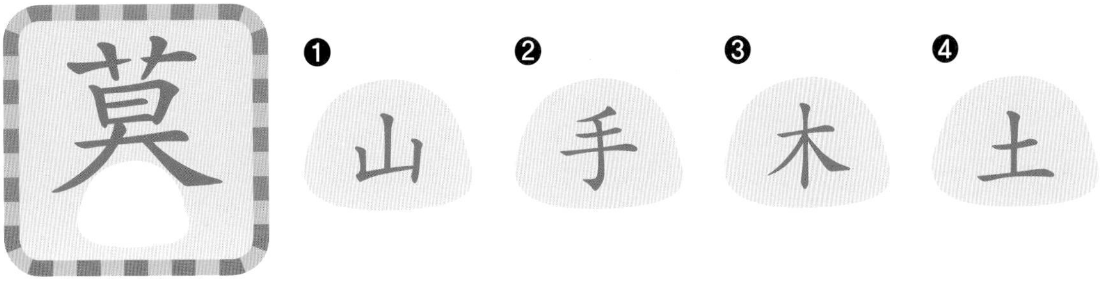

❶ 山 ❷ 手 ❸ 木 ❹ 土

'국보'는 문화재의 가치가 있는 것 중에서 가장 으뜸인 것으로, 제작 연도가 오래되었거나 한 시대를 대표하는 것, 비슷한 것을 찾아보기 힘들 정도로 특이한 것 등이 선정되지. 역사적 · 학술적 · 예술적 · 기술적으로 가치가 크다고 여겨지는 것을 문화재 위원회의 심사를 통해 결정한 뒤, 법으로 보호한단다.
오른쪽 사진은 국보 제121호인 안동 하회탈이야. 궁궐도 아니고 탑도 아닌 탈이 국보가 될 수 있냐고? 물론이야. 하회탈은 한국인의 얼굴을 상징하고 있기 때문이지. 하회탈은 지금도 탈춤에서 쓰인단다. 한국을 알리는 포스터나 관광 기념품 등에도 널리 활용되면서 한국 문화의 상징적 역할을 톡톡히 하고 있어.

하회탈, 국보 제121호.

날 나라【國】의 보배【寶】.
교 나라에서 지정하여 법률로 보호하는 문화재.
예 국보는 우리의 역사와 문화를 말해 주는 귀중한 사적 자료이다.

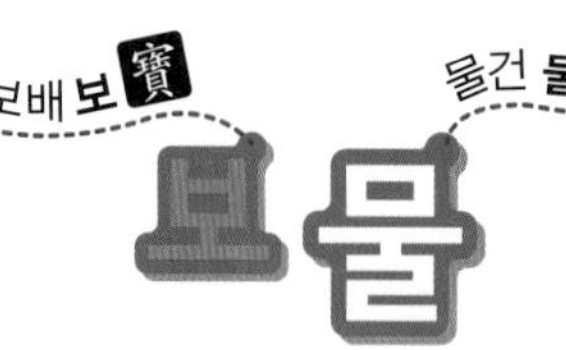

날 보배로운【寶】 물건【物】.
교 귀중한 가치가 있는 것으로 나라가 지정한 국보 다음가는 문화재.
예 우리나라의 보물 제1호는 동대문, 즉 흥인지문이다.

흥인지문(동대문), 보물 제1호.

한편, 국보에 비하면 그 가치가 조금 덜하지만 귀중한 문화재로 인정받는 것은 '보물'로 지정된단다. 그래서 보물은 국보보다 많고 간혹 비슷비슷하게 생긴 것들도 있지.

빈칸에 알맞은 낱말을 〈보기〉에서 골라 써 보세요.

〈보기〉 국보, 보물

- 나라가 지정한 보물 중 으뜸가는 것을 ❶ ( ) 라고 해요.
- 국보 다음으로 소중한 문화재는 ❷ ( ) 로 지정되지요.

명승(名勝)은 훌륭한 경치를, 고적(古蹟)은 역사적인 유물을 말한단다.
'명승고적(名勝古蹟)'은 빼어난 경치와 유서 깊은 건물을 아울러 가리키지.

경주 불국사, 명승 제1호.

제2일차

낱 이름난【名】 경치【勝】와 옛날【古】의 물건이나 자취【蹟】.
교 훌륭한 경치와 역사적인 유적.
예 전국의 명승고적을 찾아다니는 여행을 해 보고 싶어요.

명승은 국가가 문화재로 지정한 우리나라의 아름다운 경치를 가리키기도 해.
우리나라의 명승 제1호는 경주 불국사의 경내(境內)란다.
세계 문화유산 목록에도 등록되어 있지. 명승의 대부분은 절경이 차지하고 있어.
'절경'은 매우【絶】 아름다운 경치【景】라는 뜻이야.

설악산, 천연기념물 제171호.

낱 뛰어난【絶】 경치【景】.
교 더할 나위 없이 아름다운 경치.
예 유람선에서 바라본 다도해의 절경에 흠뻑 취했다.

절경이 되기 위해서는 자연환경이 잘 보존되어 있어야 한단다.
그래서 절경을 이루고 있는 곳은 천연자원 또한 풍부해.

절경은 아름다움의 보고이면서 자원의 보고지.
'보고'는 보물을 간직해 두는 장소야.
도서관은 지식의 보고, 문학은 언어의 보고.
나라에도 보배가 있듯이 집에도 보배가 있지.
집안의 보배는 '가보'라고 해.

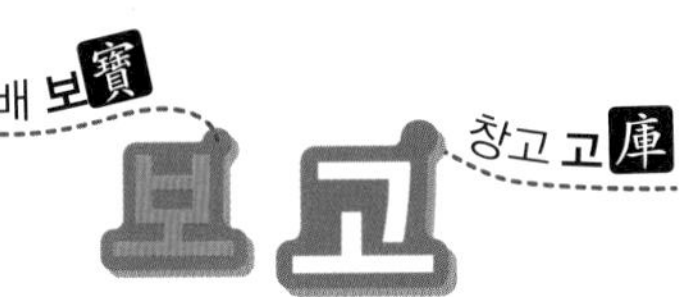

낱 보물【寶】 창고【庫】.
교 귀중한 물건을 간수해 두는 창고, 혹은 훌륭한 재원이 묻혀 있는 곳.
예 독도 주변의 바다는 천연자원의 보고입니다.

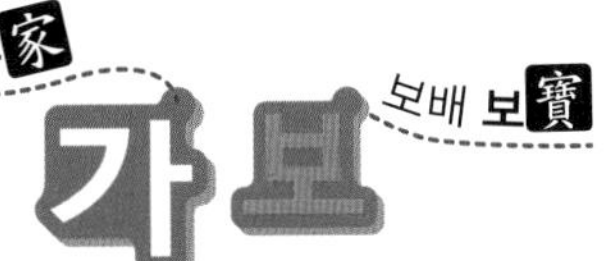

낱 집【家】의 보물【寶】.
교 한 집안에서 대를 물려 전해 오거나 전해질 보배로운 물건.
예 대대로 내려오는 집안의 가보이다.

쏙쏙 문제

빈칸에 알맞은 낱말을 〈보기〉에서 골라 써 보세요.

〈보기〉 명승, 절경

- ❶ ______ 고적이 많은 곳은 경치가 좋고 문화재가 풍부하여 관광지로 인기가 있어요.
- 태종대 해안의 ❷ ______ 은 보는 사람을 바다로 뛰어들게 할 만큼 아름답다고 해요.

한자의 뜻과 유래에 대한 설명을 읽고, 한자를 익혀 보세요.

준4급

보배 보

총 20획 | 부수 宀, 17획

보배라고 여기는 물건들을 모아서 만든 글자야.
보석【王】, 도자기【缶】, 재물【貝】 같은 것은
예나 지금이나 인기 있는 보물들이지.
집【宀】에 모아 둔 이런 물건들이 바로 '보배'란다.

한자 암기카드

집【宀】에 모아 둔 보석【王】과 도자기【缶】와 재물【貝】은 보배이니, 보배 보.

宀 + 王 + 缶 + 貝 = 寶

집 면 / 보석 옥 / 도자기 부 / 재물 패 / 보배 보

❷ 王은 구슬 옥(玉)이 변으로 쓰일 때의 모습.

'보배 보(寶)'는 모범이 될 만한 것을 뜻하기도 해. '보감(寶鑑)'은 보배로운【寶】 거울【鑑】이란 뜻으로, 모범으로 삼는 책을 말한단다.

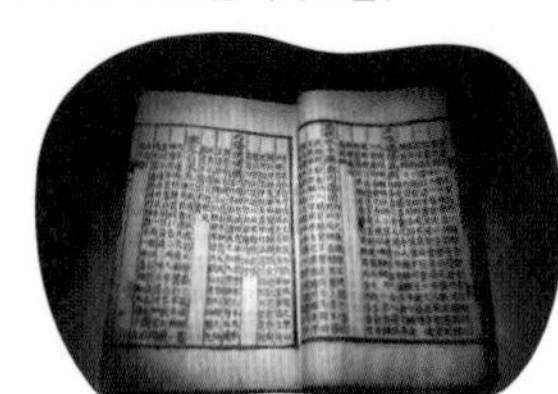

〈동의보감〉, 보물 제1085호.

낱 동방【東】에서 나온 의술【醫】의 모범이 될 만한 책【寶鑑】.

교 조선 시대의 의관 허준이 선조의 명에 따라 만든 의학 책.

예 허준은 자신의 일생을 바쳐 25권이라는 방대한 양의 동의보감을 완성하였습니다.

여기서 동방은 조선, 즉 우리나라를 말해. 우리나라 의원들이 의술을 배우고 익힐 때의 모범으로 삼을 만한 책이라 하여 〈동의보감(東醫寶鑑)〉이란다.

'한자 암기카드'를 보고 빈칸에 들어갈 말을 써 보세요.

❶ ( )【宀】에 모아 둔 ❷ ( )【王】과 ❸ ( )【缶】와 ❹ ( )【貝】은 보배이니, 보배 보(寶).

寶의 뜻은 (보 배) 이고, 음은 ❺ ( ) 입니다.

寶의 어원을 생각하면서 필순에 따라 써 보세요.

寶	寶	寶	寶	寶			

1 ❶~❸의 뜻을 찾아 길에 줄을 그으세요.

❶ 보감
❷ 보물
❸ 보고

모범으로 삼는 책.

귀중한 물건을 간수해 두는 창고.

나라가 지정한 국보 다음가는 문화재.

2 왼쪽에 음뜻이 주어진 한자를 오른쪽 빈칸에 쓰세요.

구름 속 글자들을 더하면 한자의 모양을 알 수 있어요.

함초롬하다

와~
진달래 꽃밭이다!

가랑비를 맞아 물기를 머금고 있어서 더 예뻐 보여요.

우훗! 마치 나를 보는 것처럼 함초롬하지?

함초롬??
그게 무슨 말이지?

얘들아,
이것 좀 먹어 보렴.
인절미 할머니!

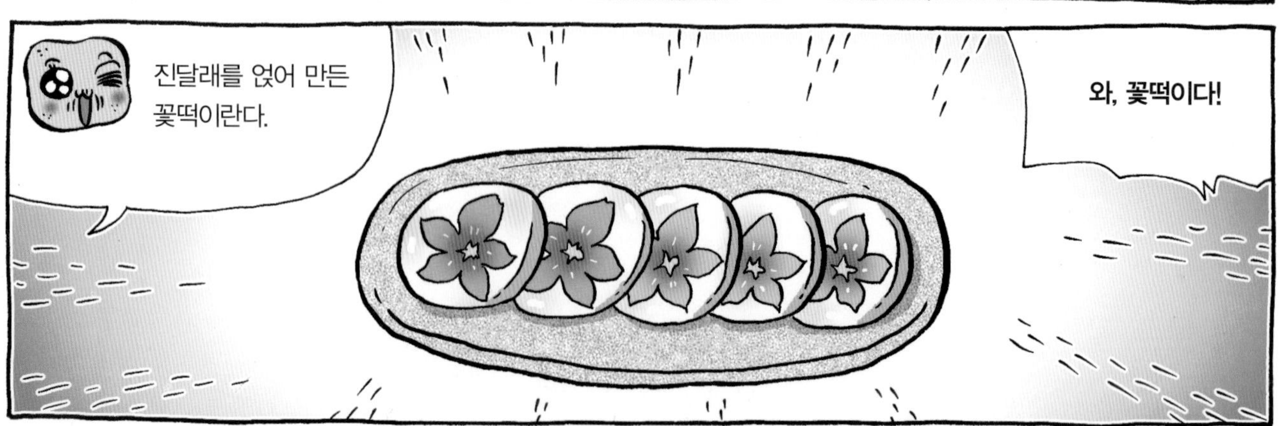
진달래를 얹어 만든 꽃떡이란다.
와, 꽃떡이다!

진달래
화전이라고 하지.
정말 예쁘고
맛있어 보여요!

너무 함초롬하게 보여서
먹기에도 아까워요!

아까부터 함초롬, 함초롬.
함초롬이 뭐예요?

함초롬하다는 것은
요 물기 머금은 꽃처럼 산뜻하고
고와 보인다는 뜻이야.
아하!

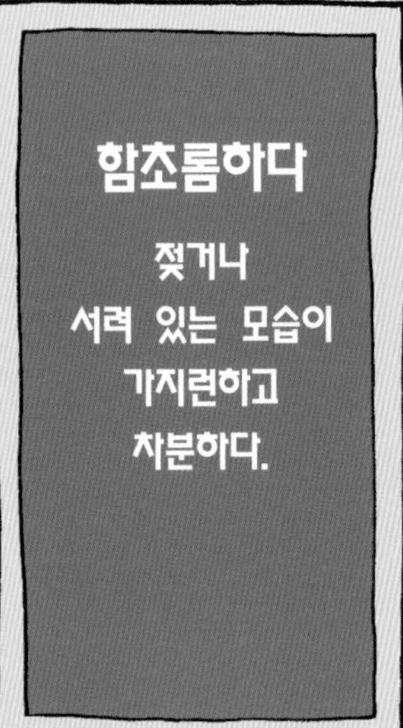
함초롬하다
젖거나
서려 있는 모습이
가지런하고
차분하다.

함초롬한
내 노랫소리!
함초롬한
내 미소!!
라라라

그런데
먹을 것이 앞에 놓이면,

너희들 전혀
함초롬하지 않아!
마지막 하나는
내 거야!
무슨 소리.
내 거예요!!

돋보기 채색 · 근본

◑ 글 속의 주황색 낱말들은 무슨 뜻일까요? 잘 생각하면서 다음 글을 읽어 보세요.

왕의 무덤에서는 대체 어떤 보물들이 나올지 궁금하지 않나요?
엄청난 유물이 쏟아져 나왔던 무령왕릉 안으로 들어가 볼까요.
벽돌을 쌓아 만든 무덤의 천장은 둥그런 아치형이에요.
벽 전체는 연꽃무늬를 비롯한 여러 문양의 벽돌로 장식되어 있습니다.
화려한 백제 미술의 진수를 엿볼 수 있지요.
왕과 왕비의 장신구에서도 백제의 문화를 듬뿍 느낄 수 있답니다.
귀고리, 목걸이, 팔찌, 머리핀, 허리띠 등
금 · 은 · 옥으로 된 수많은 장신구가 나왔어요.
예나 지금이나 아름답게 꾸미고 싶은 마음은
근본적으로 통하나 봐요.
족좌(足座)라고 하는 특이한 물건도 나왔습니다.
발을 올려놓는 나무 받침이라고 해요.
방수를 위해 옻칠을 하고, 까만색이나 주황색으로
채색한 후 금은으로 치장하여 만든 거랍니다.
왕과 왕비의 발은 무덤 속에서도 소중하게 모셔지고 있었어요.

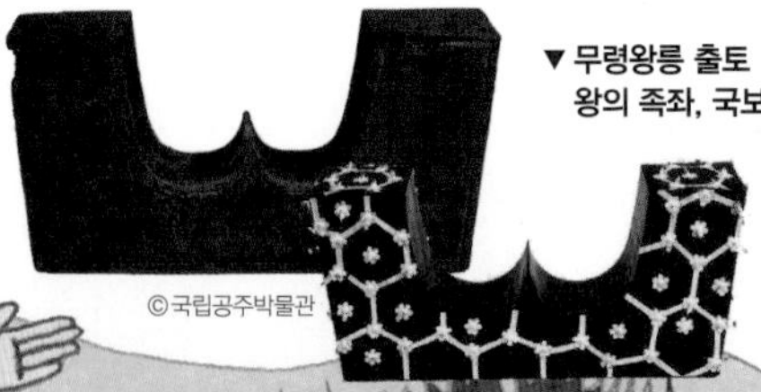

▶무령왕릉 출토 왕비의 족좌.

▼무령왕릉 출토 왕의 족좌, 국보 제165호.

▲무령왕릉에서 나온 여러 가지 유물.

▲무령왕릉 출토 귀고리, 국보 제156호.

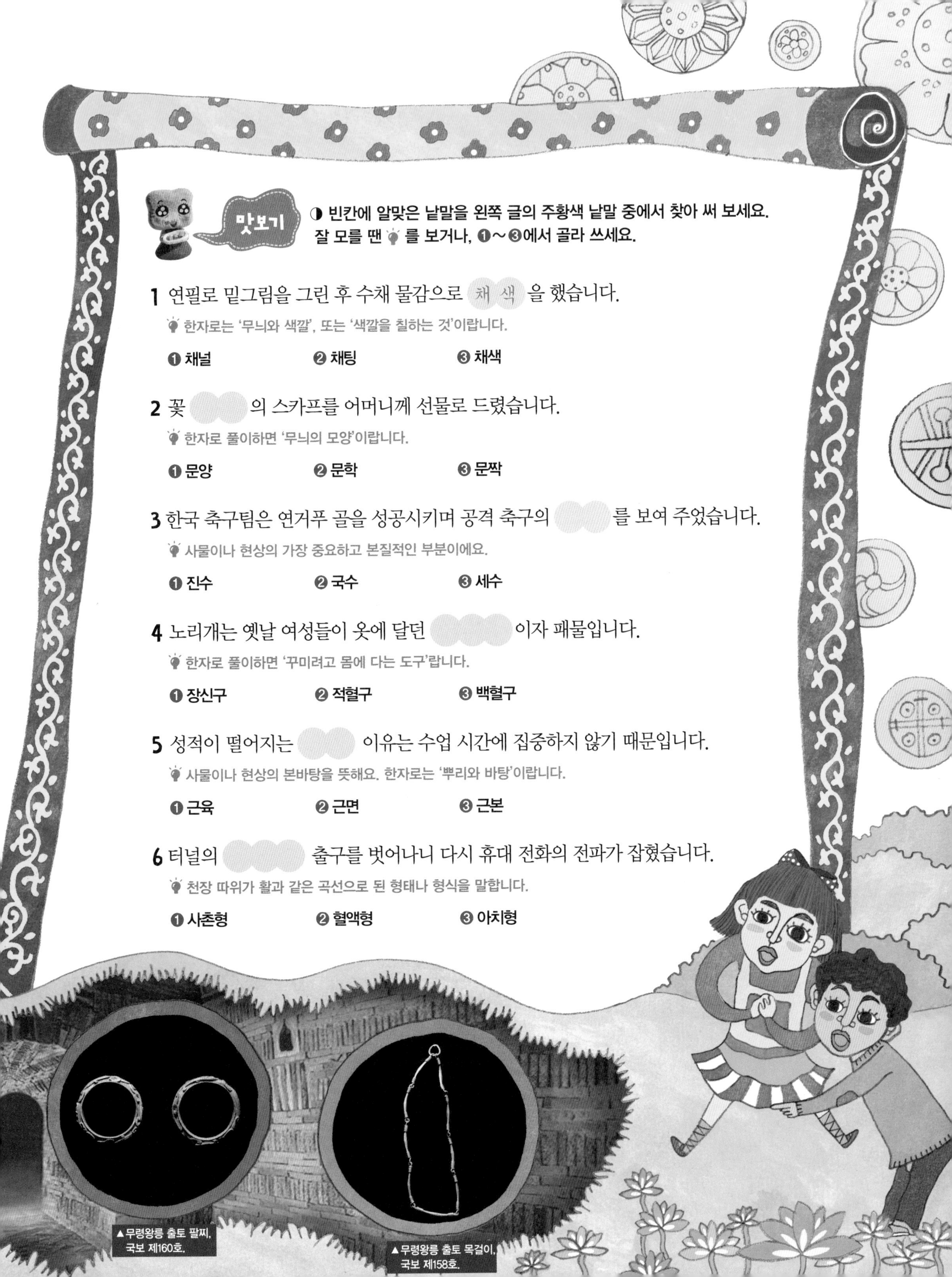

맛보기

◑ 빈칸에 알맞은 낱말을 왼쪽 글의 주황색 낱말 중에서 찾아 써 보세요.
잘 모를 땐 💡 를 보거나, ❶~❸에서 골라 쓰세요.

1 연필로 밑그림을 그린 후 수채 물감으로 채 색 을 했습니다.

💡 한자로는 '무늬와 색깔', 또는 '색깔을 칠하는 것'이랍니다.

❶ 채널 ❷ 채팅 ❸ 채색

2 꽃 ( ) 의 스카프를 어머니께 선물로 드렸습니다.

💡 한자로 풀이하면 '무늬의 모양'이랍니다.

❶ 문양 ❷ 문학 ❸ 문짝

3 한국 축구팀은 연거푸 골을 성공시키며 공격 축구의 ( ) 를 보여 주었습니다.

💡 사물이나 현상의 가장 중요하고 본질적인 부분이에요.

❶ 진수 ❷ 국수 ❸ 세수

4 노리개는 옛날 여성들이 옷에 달던 ( ) 이자 패물입니다.

💡 한자로 풀이하면 '꾸미려고 몸에 다는 도구'랍니다.

❶ 장신구 ❷ 적혈구 ❸ 백혈구

5 성적이 떨어지는 ( ) 이유는 수업 시간에 집중하지 않기 때문입니다.

💡 사물이나 현상의 본바탕을 뜻해요. 한자로는 '뿌리와 바탕'이랍니다.

❶ 근육 ❷ 근면 ❸ 근본

6 터널의 ( ) 출구를 벗어나니 다시 휴대 전화의 전파가 잡혔습니다.

💡 천장 따위가 활과 같은 곡선으로 된 형태나 형식을 말합니다.

❶ 사촌형 ❷ 혈액형 ❸ 아치형

▲무령왕릉 출토 팔찌, 국보 제160호.

▲무령왕릉 출토 목걸이, 국보 제158호.

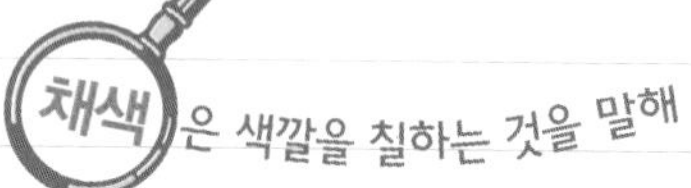

은 색깔을 칠하는 것을 말해

색깔을 칠하거나 입히는 것을 '채색'이라고 해.
아울러 알록달록한 색깔들이 어울려 고운 빛깔이 되는 상태를 채색이라고 하지.
물감으로 스케치북에 색깔을 칠하는 것 역시 채색이야.
물감을 기름에 개어서 그린 그림은 '유채화', 물에 풀어서 그린 그림은 '수채화'라고 해.
수채화의 한 종류로서 물감을 아주 엷게 써서 채색한 그림은 '담채화'라고 한단다.

낱 색【色】을 칠함【彩】.
교 여러 가지 고운 빛깔, 또는 그림에 색을 칠하는 것.
예 파란색으로 채색하면 배경과 잘 어울릴 거예요.

낱 교 물감을 기름【油】에 풀어서 칠한【彩】 그림【畵】.

'유화(油畵)'라고도 해.
유화용 물감을 기름에 개어서 그린 그림이야.
채색을 덧입힐 수 있다는 장점이 있단다.

예 유채화는 주로 천으로 된 캔버스에 그립니다.

캔버스에 그린 유채화.

낱 교 물감을 물【水】에 풀어서 칠한【彩】 그림【畵】.

그림물감을 물에 풀어서 그린 그림이야.
재료를 구하기 쉬워서 우리가 미술 시간에
가장 많이 그리지.

예 수채화는 주로 도화지에 그립니다.

낱 교 묽게【淡】 칠한【彩】 그림【畵】.

잉크, 물감 등으로 가볍게 한 겹 칠한
수채화가 담채화야. 옛날 동양에서는
먹물을 이용한 수묵 담채화를 주로 그렸단다.

예 묽게 갠 먹을 사용하는 담채화를 수묵 담채화라고 합니다.

화선지에 그린 담채화.

쏙쏙 문제

빈칸에 알맞은 낱말을 〈보기〉에서 골라 써 보세요.

〈보기〉 수채화, 담채화

- ❶ ______는 그림물감을 사용하기 때문에 우리도 쉽게 그릴 수 있어요.
- 먹물로 엷게 그리는 그림을 수묵 ❷ ______라고 해요.

제3일차

색깔에는 여러 가지 성질이 있단다.
그중에서 가장 대표적인 것 3가지가 '색상, 명도, 채도'야.
그림에 관해 얘기할 때 주로 사용하는 표현들이지.
색상, 명도, 채도는 색을 나타낼 때
반드시 필요한 성질이라서 색의 3요소라고 해.

교 색을 빨강, 노랑, 파랑 따위로 구분하게 하는, 색 자체가 갖는 고유의 특성.

예 맑은 가을 하늘과 어울리는 색상의 원피스.

3원색.

'색상'은 빨강, 파랑, 초록 등의 이름으로 구별되는 색깔의 특성을 말해.
세상에는 무수히 많은 색깔들이 있어.
저마다의 개성을 지닌 사람들이 자신만의 이름을 가지고 있듯이
색깔에도 각각의 이름을 붙여 주어 구별한단다.
그 색깔 하나하나를 색상이라고 하는 거야.

'명도'는 색의 밝기를 말해. 밝을수록 명도가 높은 거란다.
가장 명도가 높은 색은 흰색이고 가장 명도가 낮은 색은 검은색이지.
'채도'는 색의 선명도를 말해. 채도가 높을수록 선명한 색이고 채도가
낮을수록 탁한 색이란다. 서로 다른 색이 많이 섞일수록 색이 탁해지므로
채도는 낮아지지. 특히 흰색이나 검은색을 섞으면 채도가 아주 낮아진단다.

낱 밝은【明】 정도【度】.

교 색의 밝고 어두운 정도.

예 같은 색상이라도 명도에 따라 느낌이 크게 달라져요.

낱 색칠한【彩】 정도【度】.

교 색이 맑거나 탁한 정도.

예 여러 가지 색을 섞을수록 채도는 낮아져요.

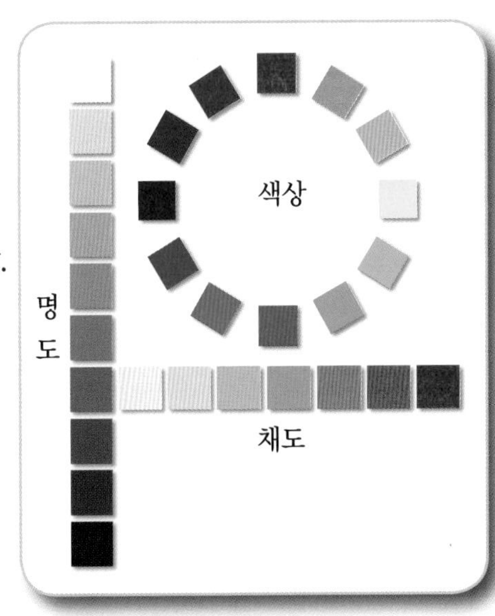

색의 3요소, 색상 · 명도 · 채도.

빈칸에 알맞은 낱말을 〈보기〉에서 골라 써 보세요.

〈보기〉 명도, 채도

- 어떤 색에 흰색을 섞으면 ❶ ______ 가 낮아져요.
- ❷ ______ 가 가장 높은 색은 흰색이에요.

한자의 뜻과 유래에 대한 설명을 읽고, 한자를 익혀 보세요.

彩

준3급

칠할 채

총 11획 | 부수 彡, 8획

'캘 채(采)'와 '터럭 삼(彡)'이 만난 글자야.
옛날에는 그림에 색깔을 칠하는 재료로 주로 식물을 사용했단다.
캐어【采】 온 식물의 즙을 물감으로 삼아 털【彡】이 달린 붓으로 칠했지.
'캘 채(采)'는 '손톱 조(爫)'와 '나무 목(木)'이 합쳐져 만들어졌어.
손톱【爫】으로 나무【木】를 캐니 '캘 채(采)'란다.

캐어【采】 온 식물의 즙을 털【彡】이 달린 붓으로 칠하니, **칠할 채.**

采 + 彡 = 彩

캘 채 / 터럭(털) 삼 / 칠할 채

조선 시대의 화가 김홍도는 서민들을 주제로 한 그림을 많이 그렸어. 풍경이나 정물을 그리는 화가들이 주를 이루던 당시로서는 매우 특이한 것이었어. 이렇듯 보통과는 다른 독창성이나 남다른 개성을 가리켜 '이채'라고 한단다.

김홍도, 〈씨름〉.

낱 색다른【異】 빛【彩】.
교 특별히 두드러지거나 남다름.
예 김홍도는 18세기 우리나라 화단에서 가장 이채를 띠는 화가이다.

'한자 암기카드'를 보고 빈칸에 들어갈 말을 써 보세요.

❶ ◯◯【采】 온 식물의 즙을 ❷ ◯【彡】이 달린 붓으로 칠하니, 칠할 채(彩).

彩의 뜻은 칠 하 다 이고, 음은 ❸ ◯ 입니다.

彩의 어원을 생각하면서 필순에 따라 써 보세요.

彩 彩 彩 彩 彩 彩 彩 彩 彩 彩 彩

彩	彩	彩	彩	彩			

1

❶~❸에서 이어진 길을 따라가면 두 글자로 된 낱말이 완성됩니다.
그 낱말을 알맞은 뜻과 이으세요.

채 이 채

도 색 채

색의 맑거나 탁한 정도.

그림에 색을 칠하는 것.

특별히 두드러지거나 남다름.

완성된 세 낱말은 채색, 채도, 이채 입니다.

2

〈보기〉의 한자를 완성하려면 어떤 길로 가야 할지 알맞은 글자를 따라 선을 긋고,
완성된 한자를 빈칸에 쓰세요.

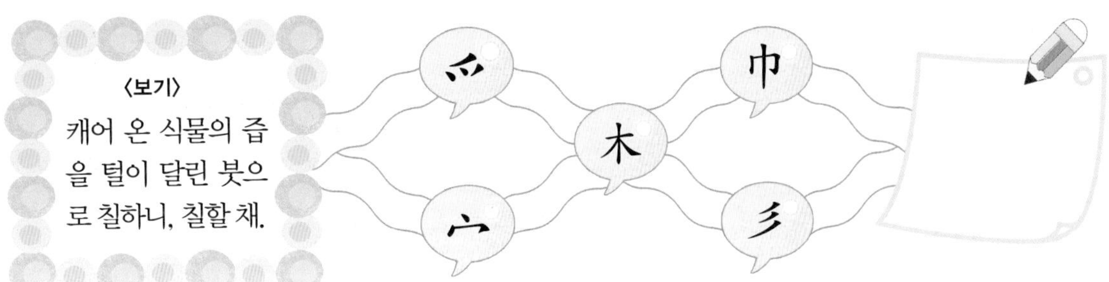

돋보기2 근본은 사물과 사람의 바탕이나 기본 성질을 말해

안녕하세요, 여러분!
〈스타 탄생〉, 스타의 근본을 알아보는 시간입니다.
오늘의 스타는 인기 가수 가래떡 씨입니다.
오늘의 가래떡 씨를 만든 일등 공신,
매니저 절편 씨의 말씀으로 프로그램의 문을 열겠습니다!

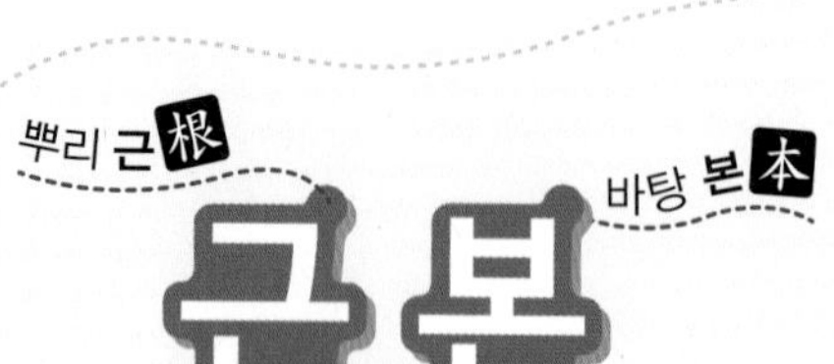

낱 뿌리【根】와 바탕【本】이 되는 것.
교 초목의 뿌리, 또는 사물의 본질이나 본바탕.
예 지구 온난화의 근본 원인은 환경 오염이다.

흔히들 스타의 근본을 잘생긴 외모로만 생각하는데, 외모는 껍데기에 불과해요.
'근본'이 뭡니까! 식물로 치면 뿌리, 즉 사물의 본질이나 바탕이죠.
외모가 꽃이면 재능과 자질은 뿌리 아니겠어요?
그러므로 스타의 근본은 뭐니 뭐니 해도 실력과 재능이죠.

낱 표준【標】이 될 만한 본보기【本】.
교 본보기로 삼을 만한 것.
예 그의 선행은 만인의 표본이 되었다.

그뿐인가요? 가래떡은 지독한 연습 벌레지요.
그를 성공한 스타의 '표본'이라고 하는 게 괜한 말이 아니라니까요!
가래떡은 정말 표본, 즉 본보기로 삼거나
대표로 삼을 만한 자격이 충분히 있는 노력파 스타랍니다!

쏙쏙 문제

빈칸에 알맞은 낱말을 〈보기〉에서 골라 써 보세요.

〈보기〉 근본, 표본

- 한 번도 지각한 적이 없는 짝에게 선생님께서 성실함의 ❶ ( ) 이라고 칭찬하셨어요.
- 정치의 기본은 백성을 나라의 ❷ ( ) 으로 여기는 것에서 출발하지요.

이번엔 가래떡 씨의 팬들을 모셨습니다.
이분들은 가래떡 씨의 사인 원본을 가지고 오셨다고 합니다.
그런데 두 팀이 들고 있는 가래떡 씨의 사인은 비슷한 것 같아도 조금 다릅니다.
그렇다면 하나는 '원본'이고 다른 하나는 '사본'이라는 얘기군요.
원본을 가려내는 작업은 매니저 절편 씨가 해 주시겠습니다.

낱 원래【原】의 책【本】.
교 베끼거나 고친 것에 대하여 근본이 되는 책이나 서류.
예 번역을 하기 전의 원본을 구하고 싶습니다.

낱 베낀【寫】 책【本】.
교 베끼거나 사진으로 찍거나 복사하여 만든 책이나 서류.
예 서류의 사본을 보관용으로 만들어 두었습니다.

여기는 가래떡 씨의 '단행본' 출판 사인회 현장입니다.
데뷔에서 스타가 되기까지, 스타로 사는 매일매일 등
가래떡 씨의 모든 것을 단 한 권의 책으로 엮었습니다.

낱 교 한【單】 번의 발행【行】으로 출판이 완료된 책【本】.
예 신문에 연재되었던 소설이 단행본으로 출간되었다.

쏙쏙 문제

빈칸에 알맞은 낱말을 〈보기〉에서 골라 써 보세요.

〈보기〉 원본, 사본

- ❶ (　　　)이 훼손되지 않도록 잘 보관해 주세요.
- 증명서를 복사해서 제출했더니 ❷ (　　　)은 안 된다고 하였다.

한자의 뜻과 유래에 대한 설명을 읽고, 한자를 익혀 보세요.

根

6급

뿌리 근

총 10획 | 부수 木, 6획

'나무 목(木)'과 '멈출 간(艮)'이 만난 글자야.
땅 위로 솟은 나무【木】의 줄기가 바람에 흔들리지 않고 멈춰【艮】 있게 하는 부분이 뿌리니까 '뿌리 근(根)'이야.
'멈출 간(艮)'은 상대의 눈【目→目】이 칼【匕】 모양이 되어 나를 노려보면 놀라서 멈추니 '멈출 간(艮)'이란다.

뿌리가 튼튼한 나무.

한자 암기카드

退

준4급

물러날 퇴

총 10획 | 부수 辶, 6획

하던 일을 멈추고【艮】 쉬엄쉬엄 물러가니【辶】, '물러날 퇴(退)'.
등굣길에는 서두르지만 하굣길에는 느긋하기 마련이야.
어른들도 퇴근할 무렵에는 하던 일을 멈추고 회사를 물러 나간단다.

임전무퇴(臨戰無退)는 싸움【戰】에 임【臨】하여 물러섬【退】이 없는【無】 거야.
신라 때 화랑이 지켰던 다섯 가지 정신 중의 하나란다.

'한자 암기카드'를 보고 빈칸에 들어갈 말을 써 보세요.

❶ ( )【木】를 ❷ ( )【艮】 흔들리지 않게 하는 부분이니, 뿌리 근(根).

根의 뜻은 (뿌리)이고, 음은 ❸ ( ) 입니다.

根의 어원을 생각하면서 필순에 따라 써 보세요.

根 根 根 根 根 根 根 根 根 根

根 根 根 根 根

제 4 일차

1 '본'으로 끝나는 낱말 네 개가 그림 속에 들어 있어요.
❶~❹의 뜻에 맞는 낱말이 되도록 빈칸에 글자를 쓰세요.

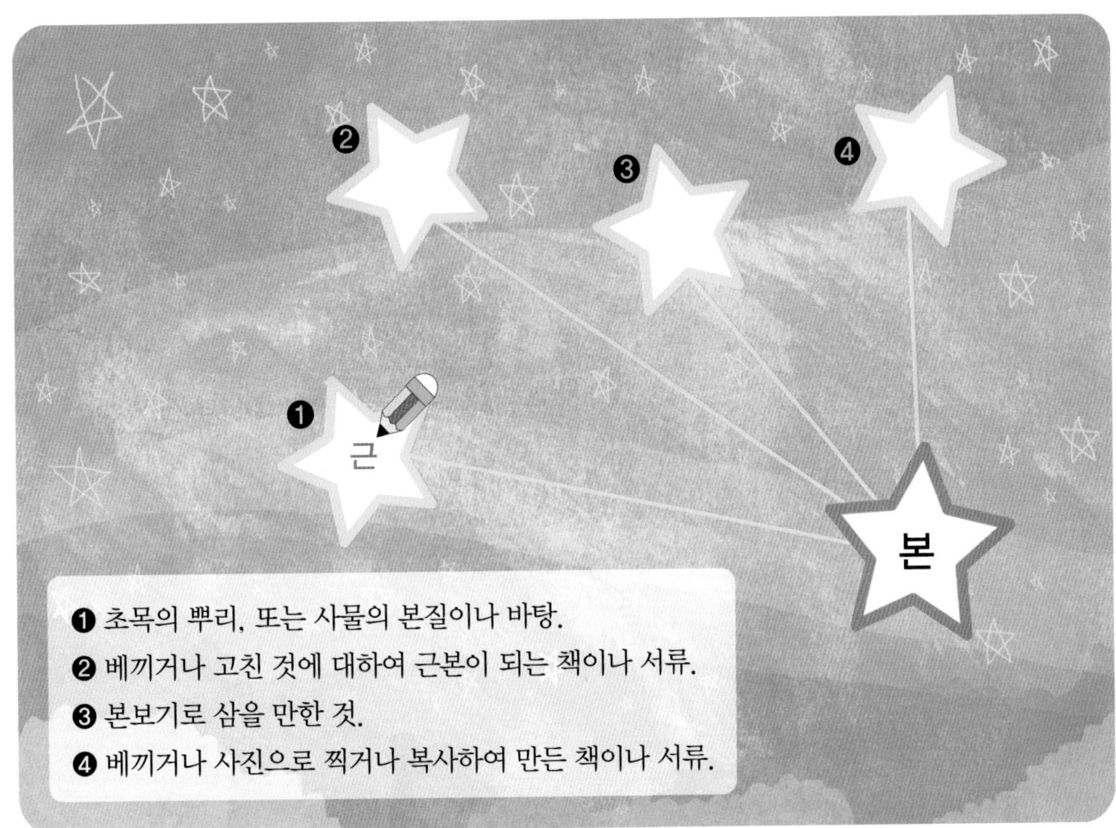

❶ 초목의 뿌리, 또는 사물의 본질이나 바탕.
❷ 베끼거나 고친 것에 대하여 근본이 되는 책이나 서류.
❸ 본보기로 삼을 만한 것.
❹ 베끼거나 사진으로 찍거나 복사하여 만든 책이나 서류.

빈칸에 들어갈 글자는 원, 사, 표 가운데 하나입니다.

2 양쪽 한자에 공통으로 들어 있는 글자를 ❶~❹에서 고르세요.

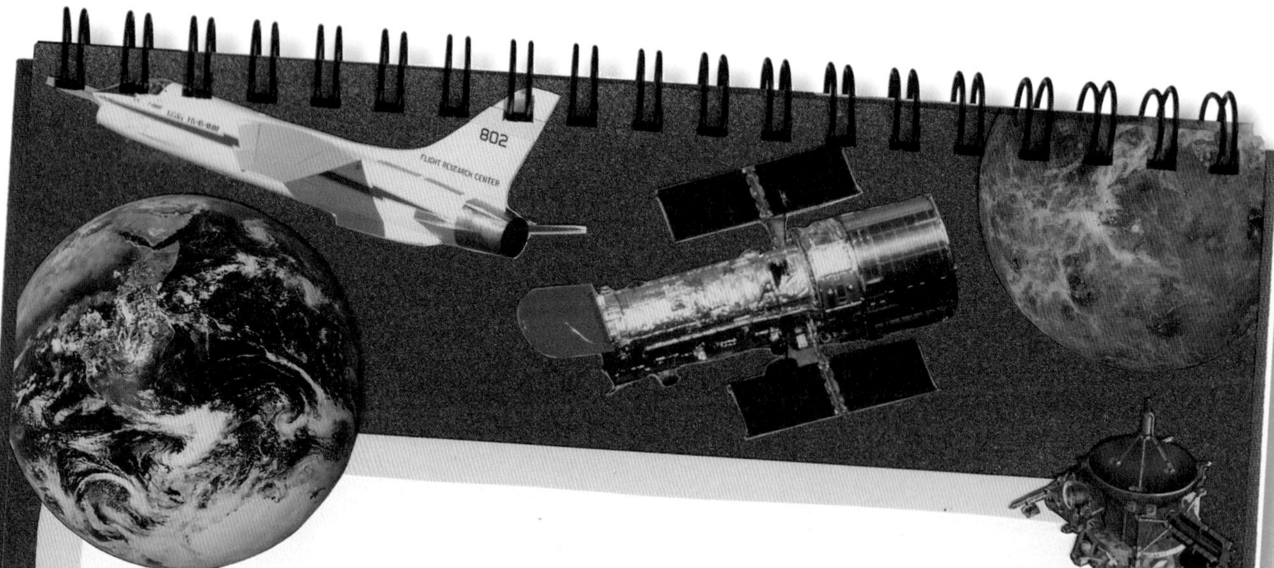

며칠을 우주선 안에서 잠을 잤더니 피곤하다. 잠시 후면 명왕성에 도착한다고 한다. 산소통을 등에 매고 우주선에 첫발을 내 딛는 순간을 상상해 보았다. 이미 명왕성에는 다른 나라 우주인들이 도착해 있고, 카매라로 우리의 모습을 찍는다고 했다. 내가 상상하는 명왕성의 모습이 빗나가지 않기를 기대한다.

'메고'라고 써야겠지.

'내디디는'이라고 쓴단다.

'카메라'라고 써야 해.

'빗나가지'라고 써야겠지.

*이 글은 초등학교 4학년 어린이가 쓴 글입니다.

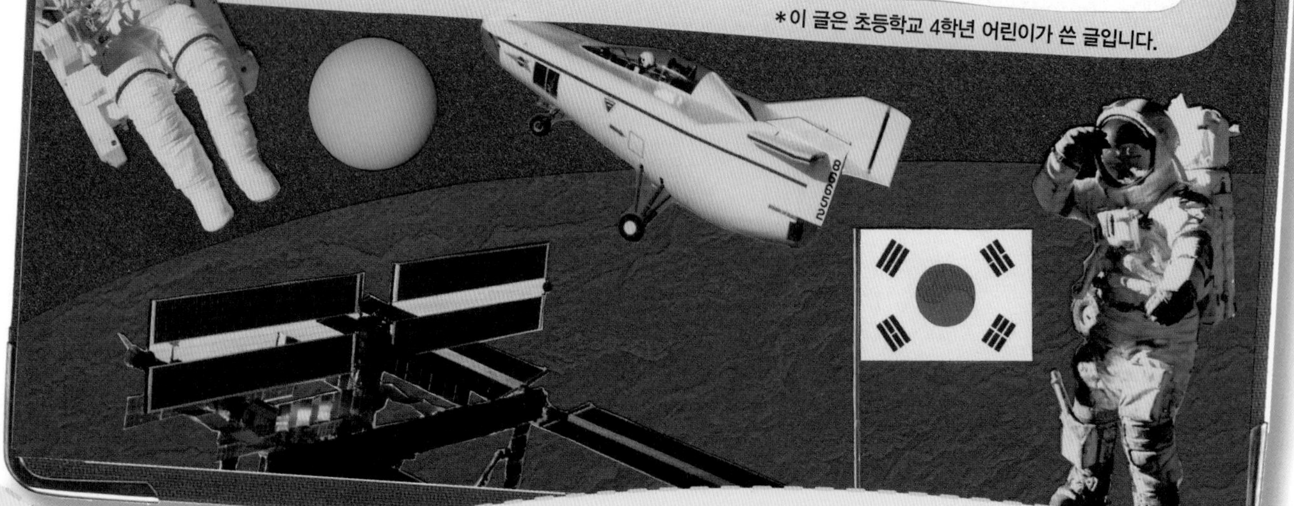

가방은 '메고', 끈은 '매고'

산소통을 등에 '매다'가 아니라 '메다'라고 써야 해.
'매다'는 끈이나 줄의 양 끝을 잡아당겨서 풀어지지 않게
마디를 만들거나 꿰매는 경우에 쓴단다.
'메다'는 물건을 어깨에 걸치거나 올려놓을 때 사용해.
구멍이 메고, 웅덩이가 메는 경우에는
묻히거나 막히는 상태를 가리킨단다.

가방을 메고 우주로~

운동화 끈이 잘 안 매지네!

메다

- 물건을 어깨에 걸치거나 올려놓다.
  예 배낭을 메고 산으로 갔다.
- 뚫려 있거나 비었던 곳이 묻히거나 막히다.
  예 하수도 구멍이 메다.
- 감정이 북받쳐서 목소리가 잘 나지 않다.
  예 너무 슬퍼서 목이 메다.

매다

- 끈이나 줄 등의 양 끝을 잡아 당겨서 풀어지지 않게 마디를 만들거나 꿰매다.
   운동화 끈을 단단히 맸다.
- 어떤 곳에서 떠나지 못하고 붙어 있다.
  예 소를 말뚝에 매다.

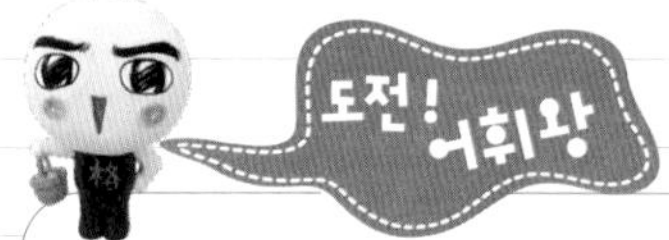

1 철길 안에 든 낱말 가운데 ❶~❸의 뜻에 맞는 낱말을 찾아 ◯로 묶고, 빈칸에 낱말을 쓰세요.

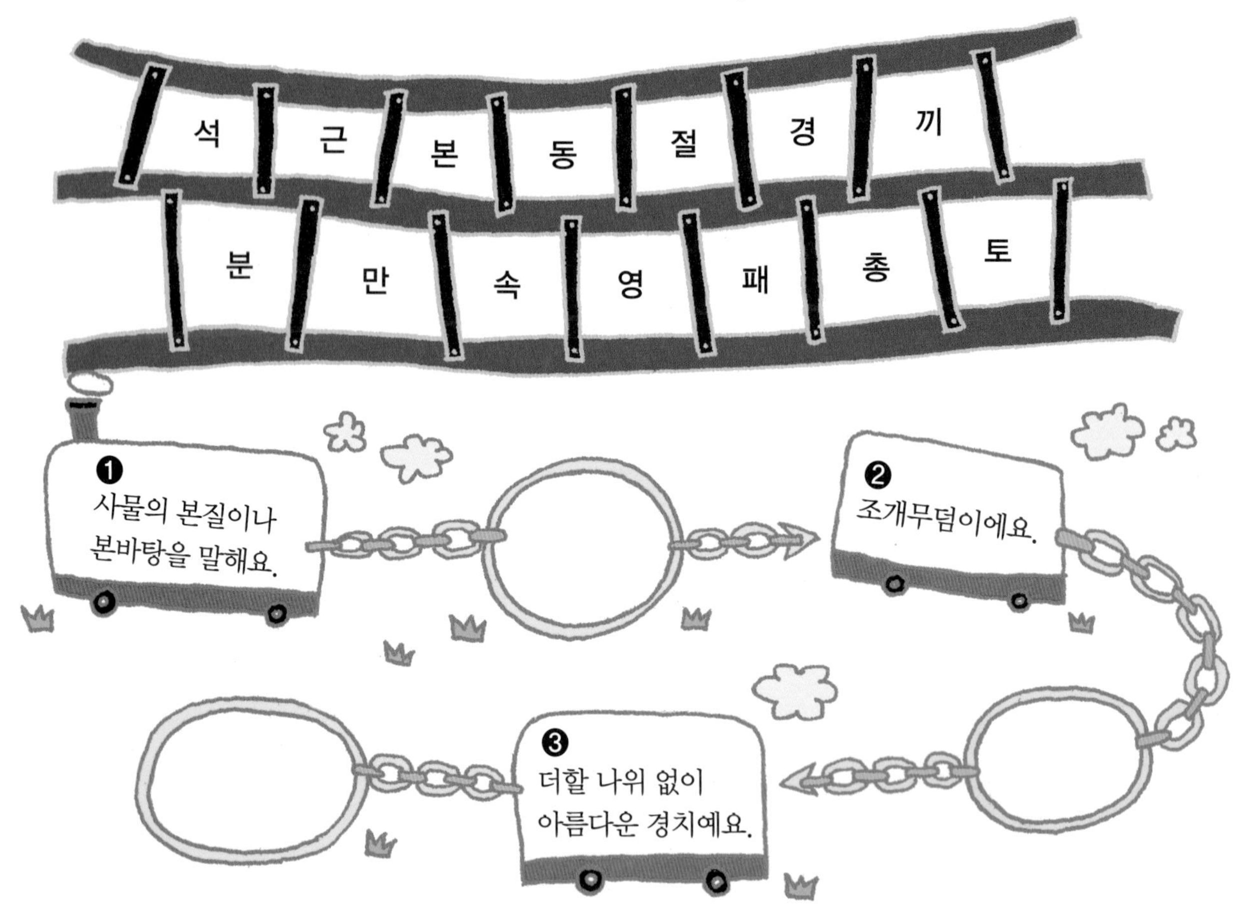

나란히 붙어 있는 두 글자로 된 낱말이에요.

2 ❶~❸에서 사다리를 타고 가다 만나는 빈칸에 알맞은 한자를 쓰세요.

사다리 중간에 만나는 글자들을 합치면 한자가 완성됩니다.

3 낱말 뜻이 올바른 칸을 모두 색칠해 보고, 나온 모양을 ❶~❹에서 고르세요.

한 번의 발행으로 출판이 완료된 책을 **단행본**이라고 한다.	색깔들이 어울려 고운 빛깔이 되는 상태를 **채색**이라고 한다.	중국에 있는 고구려 때의 돌무덤을 **패총**이라고 한다.
임전무퇴는 싸움에 임하여 물러섬이 없음을 뜻한다.	**색상**은 색깔들이 가지는 공통점을 말한다.	귀중한 보물을 간수해 두는 창고를 **국보**라고 한다.
가볍게 한 겹 칠한 수채화를 **담채화**라고 한다.	색의 밝고 어두운 정도를 **명도**라고 한다.	**왕릉**은 왕씨 성을 가진 사람의 무덤이다.

❶ ┼　　❷ H　　❸ ㅁ　　❹ ㄷ

4 왼쪽에 음뜻이 주어진 한자를 오른쪽 빈칸에 쓰세요.

평가 문제

1. 다음 그림은 고대에 만들어진 무덤이에요. 이것을 무엇이라고 할까요? (　　　　)

2. (　　　)에 들어갈 낱말로 알맞은 것을 연결하세요.

(1) 지구 온난화의 (　　　　) 원인은 환경 오염이다. •　　　　• 근본
(2) 유람선에서 바라본 다도해의 (　　　　)에 흠뻑 취했다. •　　　　• 보물
(3) 우리나라의 (　　　　) 제1호는 동대문, 즉 흥인지문이다. •　　　　• 절경

3. 밑줄 친 낱말 가운데, '보배 보(寶)'가 쓰이지 않은 낱말을 고르세요. (　　　　)

❶ 내 보물 1호는 이 일기장이야.
❷ 우리나라의 바다는 자연의 보고라고 할 만큼 수산 자원이 풍부하다.
❸ 요즘 개인 정보 보안이 시급한 문제이다.
❹ 국보는 우리의 역사와 문화를 말해 주는 귀중한 사적 자료이다.

4. 〈보기〉의 밑줄 친 낱말을 대신하여 고쳐 쓸 낱말을 고르세요. (　　　　)

〈보기〉 원색은 너무 강렬하니까, 엷은 색의 페인트로 벽을 채취하는 게 좋겠어.

❶ 구성　❷ 채색　❸ 채굴　❹ 채록　❺ 제거

5. 〈보기〉의 빈칸에 들어갈 알맞은 낱말을 고르세요. (　　　　)

〈보기〉 본보기가 될 만한 100여 집을 선정해서 (　　　) 조사를 해 보자.

❶ 표본　❷ 표시　❸ 기표　❹ 표리　❺ 사본

6~7 빈칸에 알맞은 낱말을 〈보기〉에서 골라 쓰세요.

〈보기〉 금관총, 무용총, 패총

6. 금관이 나온 것이 이 무덤의 가장 중요한 특징이라서 (   )이라고 한단다.

7. (   )은 선사 시대 사람들이 조개나 굴을 먹고 나서 버린 껍데기가 쌓여 무덤처럼 이루어진 유적이야.

8. **서로 관계있는 것끼리 연결하세요.**

(1) 캐어 온 식물의 즙을 털이 달린 붓으로 칠하니, 칠할 채. • •退
(2) 하던 일을 멈추고 쉬엄쉬엄 물러가니, 물러날 퇴. • •墓
(3) 생명이 없어져 묻힌 땅이니, 무덤 묘. • •彩

9. **다음 중 맞는 설명은 ○표, 틀린 설명은 X표 하세요.**

(1) 원래의 책이나 문서를 **단행본**이라고 한다. (   )
(2) 사람의 시체나 유골을 땅속에 파묻은 곳을 **분묘**라고 한다. (   )
(3) 훌륭한 재원이 묻혀 있는 곳을 **보고**라고 한다. (   )

10. **〈보기〉의 낱말에 공통으로 들어가는 한자를 고르세요. (   )**

〈보기〉 채도, 채색, 유채화, 수채화

❶ 彩 ❷ 秋 ❸ 初 ❹ 萩

자, 이걸 그래프로 그려 보자!

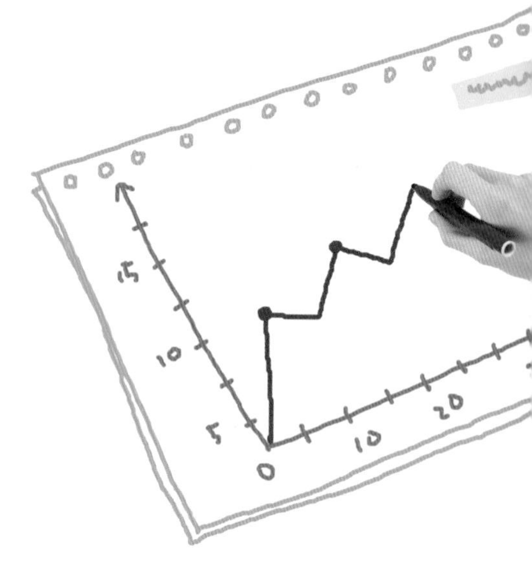

'그래프' 하면 어떤 게 떠오르니? 막대그래프나 원그래프?
직선이나 곡선으로 나타낸 그림이나 표? 맞았어!
그래프[graph]는 도표, 그림이라는 뜻이야.
그런데 그래프는 원래 쓰다, 그리다라는 의미였어.
예를 하나 들어 볼게.
오토그래프[autograph]는 '자필 서명'이라는 뜻인데, 자신이[auto-] 직접 쓴[-graph] 서명을 말해. 자신을 나타내는 오토[auto-]와 쓰다라는 의미의 그래프[-graph]가 합해져서 된 말이지.

auto 자신 + graph 쓰다 → autograph 자필 서명

애니메이션 〈니모를 찾아서Finding Nemo〉를 봤니?
CG 기술의 눈부신 발전을 보여 줬다는 평가를 들었던 애니메이션이지.
여기서 CG는 컴퓨터 그래픽스Computer Graphics를 줄인 말이야.
그래픽Graphic은 그래프graph에서 나온 말로 시각적으로 표현된 작품을 말해.
그러니까 CG는 컴퓨터를 사용해서 그린 그림을 의미하는 거야.

자, 그럼 그래프-graph라는 말이 들어간 단어들을 좀 더 알아볼까?

telegraph

텔레그래프telegraph는 멀리 떨어진tele- 곳에 무언가를 써graph 보낸다는 뜻이야.
'전신, 전보'를 말한단다.

biography

바이오그래피biography는 삶bio-을 쓴다graph(y)는 말이야.
개인의 삶을 기록한, '전기, 위인전'을 의미해.

geography

지오그래피geography는 땅geo-의 모양을 그린다-graph는 뜻이야.
'지리, 지리학'을 말한단다.

photograph

포토그래프photograph는 많이 들어 봤지?
'사진'을 말하는 거잖아.
빛photo-을 이용해 그리는-graph 것, 그게 바로 사진이지.

콕콕 정답

제1일차

05쪽 1. 횡재 2. 유물 3. 고분 4. 국보
5. 왕릉 6. 보고
06쪽 ❶ 왕릉 ❷ 고분
07쪽 ❶ 분묘 ❷ 능묘
08쪽 ❶ 없어져 ❷ 땅 ❸ 묘

09쪽

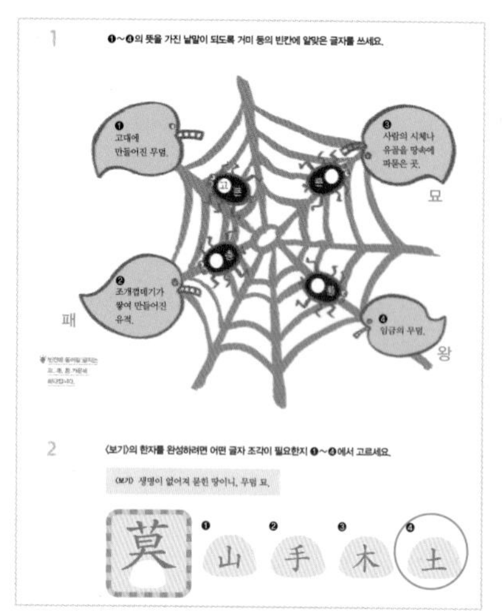

제2일차

10쪽 ❶ 국보 ❷ 보물
11쪽 ❶ 명승 ❷ 절경
12쪽 ❶ 집 ❷ 보석
❸ 도자기 ❹ 재물 ❺ 보

13쪽

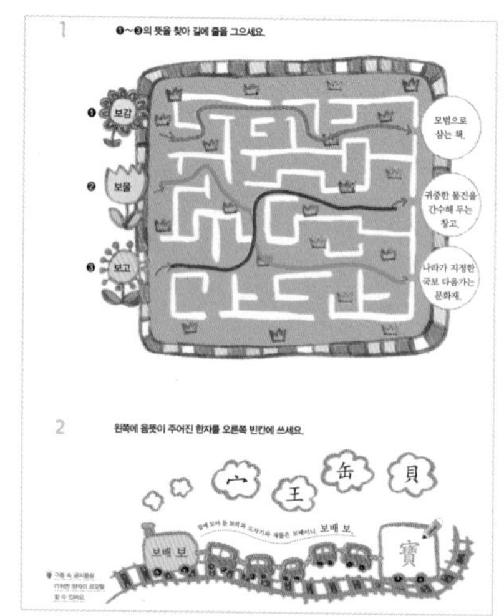

제3일차

17쪽 1. 채색 2. 문양 3. 진수 4. 장신구
5. 근본 6. 아치형
18쪽 ❶ 수채화 ❷ 담채화
19쪽 ❶ 채도 ❷ 명도
20쪽 ❶ 캐어 ❷ 털 ❸ 채

21쪽

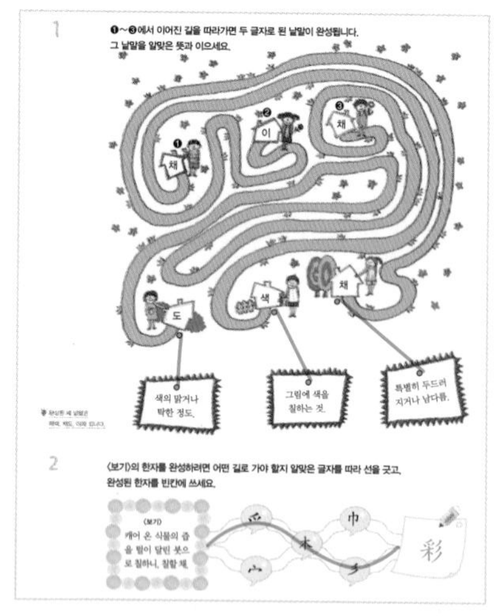

제4일차

22쪽 ❶ 표본 ❷ 근본
23쪽 ❶ 원본 ❷ 사본
24쪽 ❶ 나무 ❷ 멈춰 ❸ 근

25쪽

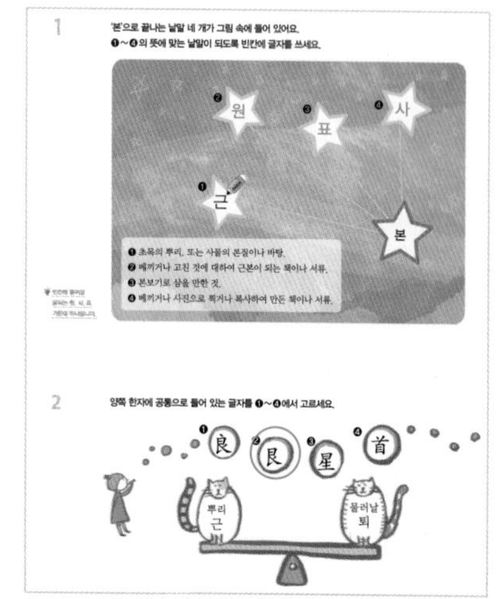

제5일차

도전! 어휘왕

28-29쪽

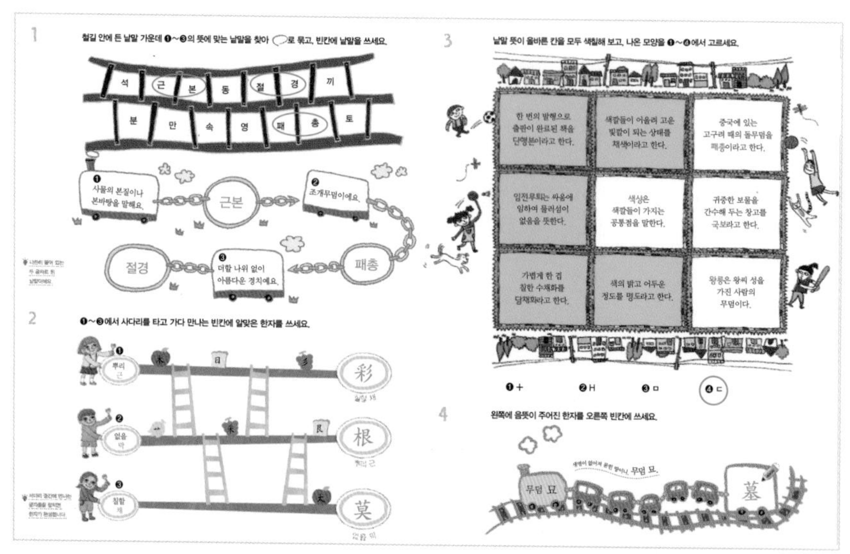

평가 문제

30-31쪽 1. 고분 2. (1) 근본 (2) 절경 (3) 보물 3. ❸ 4. ❷ 5. ❶
6. 금관총 7. 패총 8. (1) 彩 (2) 退 (3) 墓 9. (1) X (2) ○ (3) ○ 10. ❶

쉽게 풀어 설명한 문화재

문화재를 관람하다 보면 어려운 낱말들이 많이 나오지?
국보와 보물로 지정된 문화재의 이름들 가운데
알아 두면 좋은 용어들을 골랐단다.
문화재의 유래나 형태를 이해하는 데 도움이 될 거야.

지(址)
'원각사지 10층 석탑'과 '경천사 10층 석탑'을 비교해 보렴.
앞에 있는 말은 '원각사'와 '경천사'란 절 이름인데, '원각사'에는 '지(址)'가 붙어 있지.
이것은 절터를 말하는 거야. 경천사의 석탑은 지금도 절 건물이 남아 있으니까,
절터를 뜻하는 말은 필요 없어. 하지만 절 건물이 사라져 버린 원각사의 석탑은
'원각사'가 있던 절터에 남아 있는 석탑이라서 '원각사지 10층 석탑'이란다.

당간 지주(幢竿 支柱)
절에 큰 행사가 있을 때 절 입구에 달아 두는 깃발을 당(幢)이라고 해.
당을 달아 두는 장대가 당간(幢竿)이란다.
당간을 양쪽에서 지탱해 주는 두 기둥이 바로 당간 지주야.
보물 제4호인 안양의 '중초사지 당간 지주'를 비롯해서
분황사, 갑사, 금산사 등의 당간 지주가 보물로 지정되어 있단다.

전탑(塼塔)
흙으로 만든 벽돌을 이용하여 쌓아 올린 탑이야.
국보 제16호인 '안동 신세동 7층 전탑'이 있단다. 참고로, 석탑은 돌을 깎아 만든 탑이지.

좌상(坐像)
앉아 있는【坐】 불상【像】이야. 불상은 자세에 따라 이름이 조금씩 달라져.
서 있는 것은 '입상(立像)', 앉아 있는 것은 '좌상(坐像)', 한쪽 다리를 구부려
다른 쪽 다리의 허벅다리 위에 올려놓고 앉아 있는 것은 '반가상(半跏像)'이라고 한단다.

금동(金銅)
구리【銅】로 몸체를 만들고 겉에 금박【金】을 씌웠다는 뜻이야.
불상이나 귀중한 것을 담아 놓는 함은 금을 씌워 만든 경우가 많아.
국보 제78호로 지정된 '금동 미륵보살 반가상' 등이 있단다.

석조(石槽)
절에서 승려들이 물을 담아 쓰던 돌【石】 그릇【槽】이란다. 보통 규모가 아주 크지.
보물 제102호인 '보원사지 석조' 등이 있어.

의궤(儀軌)
국가의 중요한 행사를 일일이 기록한 책이야.
'조선 왕조 의궤'는 2007년에 유네스코 지정 세계 기록 유산에 지정되었어.

마법의 상위권 어휘 스스로 평가표

01

다음 네 낱말 중 뜻을 자신 있게 말할 수 있는 낱말은 ○표, 알쏭달쏭한 낱말은 △표, 자신 없는 낱말은 ×표 하세요.

고분 (　　) | 국보 (　　) | 채색 (　　) | 근본 (　　)

02

다음 네 한자 중 음과 뜻을 자신 있게 말할 수 있는 것은 ○표, 알쏭달쏭한 것은 △표, 자신 없는 것은 ×표 하세요.

墓 (　　) | 寶 (　　) | 彩 (　　) | 根 (　　)

03

〈평가 문제〉를 모두 풀고 정답을 확인해 보세요. 10문항 중 내가 맞힌 문항 수는 몇 개인가요?

❶ 9-10 문항 (　　) | ❷ 7-8 문항 (　　) | ❸ 3-4 문항 (　　) | ❹ 1-2 문항 (　　)

| 부모님과 선생님께 |

위에서 어린이가 스스로 적은 내용을 보고, 어린이가 어려워하는 부분을 함께 보면서
어휘의 뜻과 쓰임을 이해할 수 있도록 해 주세요.